Pour Maya et Milo...

Mon livre de recettes pour Bébé

Jenny Carenco

Avec les conseils et le soutien
du Docteur Jean Lalau Keraly

Photographies
de Akiko Ida

Stylisme
de Sabrina Fauda-Rôle

MARABOUT

Sommaire

Gare aux super mamans !

Soit. Pas toujours facile d'être une maman active. Dois-je évoquer les nuits courtes, les transports bondés, collés-serrés avec le seul militant antidouche de la rame, le frigo qui se vide plus vite que le venin de Belle-Maman, du Boss qui manque de s'évanouir quand vous pliez bagage avant 20 heures, Chéridoux qui compare votre vie intime à l'état du frigo – comment ça, désertique ? Et, cerise sur le gâteau, LA culpabilisation en personne qui sévit chaque dimanche : Maman Chérie qui s'étonne de vous voir éreintée alors que vous êtes quand même sacrément aidée, comparée à elle, jadis, qui trouvait pourtant le temps de façonner de ses mains manucurées trois sortes de pain pour le dîner de ses enfants. Pas de cela ici.
Ce livre n'est pas celui d'une Supermaman qui rafle tous les 1ers prix (Cordon bleu, Bombe sexuelle, Maman complice, Employée du mois) sans jamais se casser un ongle. Vous savez : celle qu'on déteste… – et sur laquelle nos maris fantasment, cf. prix n° 2 – mon histoire aurait pu être la vôtre…

Au moment où mon congé maternité s'arrêtait, ma puce découvrait tout juste ses premières purées de légumes. Comme tout le monde – 30 ans de conditionnement publicitaire aidant, j'ai pensé immédiatement aux petits pots : pratiques, sécurisés, adaptés. Pourquoi se compliquer inutilement la vie ? Malheureusement (heureusement ?) je suis d'origine suédoise, et en Suède, on lit les étiquettes de ce qu'on met dans nos assiettes. Et là, big drama : un petit pot nommé « Haricots verts » contenait… 40 % de haricots verts, le reste étant de la pomme de terre – riche en fécule ! –, du lait reconstitué, des huiles, du sel et des vitamines de synthèse. Sans parler du goût, peu engageant. Là, j'avais un problème.

No panic. Tout était under control : J-15 avant la reprise du travail. Soit exactement 21 600 minutes pour tout savoir sur la baby-food et la nutrition infantile. Avec ma rigueur toute scandinave, je pensais même avoir du rab. Je n'ai pas eu de rab. Je suis devenue boulimique de savoir, de créativité dans mes baby-recettes, jusqu'à démissionner pour créer ma propre marque de baby-food. Mais ceci est une autre histoire.

Transmettre à ma fille le plaisir de manger

Je me suis donc mise à créer. Au début, ce n'était pas idyllique : le soir, je troquais 2 heures de sommeil contre le même temps en cuisine pour préparer les repas hebdomadaires de ma fille. Ensuite, je les congelais – merci, livres de cuisine anglo-saxons qui ne jurent que par ce procédé tellement pratique ! Et au fil du temps, au fil du coaching entrepris par mon merveilleux pédiatre, le Dr Lalau Keraly, spécialiste de la nutrition infantile, au fil de mes erreurs, de mes épuisements, des encouragements de ma fille qui découvrait avec délices tous les fruits et légumes de mon maraîcher, je me suis rodée. Et j'ai réussi à imaginer des baby-recettes audacieuses – hérétiques diront certains – basées sur un seul mot d'ordre : transmettre à ma fille le plaisir de manger.

Vous les mangiez, vous, les épinards bouillis de la cantine ?

Aujourd'hui, chers parents, au lieu de frimer et vous dire que finalement, c'est un jeu d'enfant de cuisiner quotidiennement pour sa famille, je vais vous dire la vérité : mener ma petite troupe sur le chemin du goût a été un sacerdoce. Mais je l'ai fait car j'étais persuadée du bien-fondé de ma démarche à l'heure de l'explosion de la malbouffe infantile et de l'obésité. J'ai toujours pensé que les enfants ne pouvaient aimer les aliments sains seulement si ceux-ci étaient bons (une lapalissade non ? !) et qu'il fallait donc y mettre du sien pour les préparer de manière à rencontrer du succès !

Mon carnet de recettes

Vous avez un avantage sur moi : mes ratés, mes erreurs, mes recherches, vous allez en être dispensés. Oui, je suis Bon Prince. L'idée n'est pas de vous balancer mes recettes dans un livre tout beau, tout parfait, vous laissant le feuilleter la larme à l'œil, un petit pot à la main parce que… « faut pas blaguer, dans la vraie vie, ce n'est pas possible de gérer ».
Ce que je vous propose, c'est mon carnet de travail, ratures, cornes et taches de graisses exceptées. Je vous y livre toutes mes astuces, tous mes conseils, toutes les réponses pédiatriques qui m'ont trotté dans la tête et qui passeront aussi dans la vôtre. Le but : que vous vous concentriez sur l'essentiel.

Tant d'efforts méritent une petite récompense perfide !

C'est sûr, ensemble, vous et Bébé décrocherez tous les diplômes. Et quand vos copines écarquilleront leurs yeux rimellisés devant le spectacle de votre Petitou dévorant ses brocolis, vous lâcherez, blasée en apparence, mais en réalité en pleine extase, « Je sais, il n'est pas fan des brocolis. Si tu le voyais devant ses épinards… ».

Jenny Carenco

DOCTEUR JEAN LALAU KERALY
ANCIEN INTERNE DES HÔPITAUX DE PARIS
ANCIEN CHEF DE CLINIQUE – ASSISTANT
ATTACHÉ À L'HÔPITAL ST-VINCENT-DE-PAUL

PÉDIATRIE

NUTRITION ENDOCRINOLOGIE

TRANSMETTEZ LE PLAISIR DE MANGER

Pédiatre spécialiste de la nutrition et des problèmes de surpoids infantile, j'ai pu constater, au fil de 20 années de pratique, que la notion de plaisir était au moins aussi importante dans l'alimentation – et dans le soin de ses troubles – que les aliments eux-mêmes. Il n'est jamais trop tôt, ou trop tard d'ailleurs, pour initier un enfant au monde des saveurs. C'est ce qui lui permettra, une fois adulte, de considérer l'alimentation saine non comme une contrainte mais comme un vrai plaisir.

LA VIE ACTIVE N'ÉPARGNE PAS LES PARENTS

Combien de regrets entendus en consultation, de soupirs de mamans qui culpabilisent de ne pas prendre (avoir) le temps de préparer les premières purées de leur bébé !
Les petits pots font recette, même si aucun d'entre nous n'est dupe et sait qu'ils sont loin d'être la panacée puisque s'ils sont performants en termes de praticité, de coût et de sécurité sanitaire, ils ont quelques progrès à faire en termes d'inventivité et de qualité gustative. J'ajouterais qu'il n'est ni futile ni dépassé de faire du repas un moment extraordinaire : hors du temps, hors du stress et de l'agitation de la vie quotidienne.

DÉCOUVRIR DES ALIMENTS INCONNUS !

Je le constate tous les jours : l'environnement dans lequel mange un enfant conditionne son appétit, son intérêt pour son assiette, son envie de goûter et même sa manière d'appréhender la nourriture en général. Les repas sont systématiquement émaillés de pleurs, menaces, inquiétudes, désintérêt ? Il est fort à parier que Bébé ne sera pas enclin à découvrir des aliments inconnus ! Et les parents n'en ont pas toujours conscience.

MEMBRE D'UNE ASSOCIATION DE GESTION AGRÉÉE ACCEPTANT LE PAIEMENT PAR CHÈQUE À SON NOM

DES BABY-PLATS POUR UNE BABY-RÉVOLUTION !

Lorsque j'ai rencontré Jenny Carenco au cours d'une consultation pédiatrique, j'ai été aussitôt séduit par la vision hédoniste de l'alimentation qu'elle souhaitait transmettre à sa fille, par son audace dans l'élaboration de ses recettes. J'ai tenté de mettre à sa disposition mes connaissances de nutritionniste et de pédiatre, de la rassurer et de l'encourager quand elle doutait. Et, comme toute maman qui a décidé de réussir quelque chose pour son bébé, elle a fait des merveilles ! Et elle a voulu plus : mettre à la portée de tous les parents les baby-plats qu'elle avait conçus.
Objectif : concilier pour la première fois praticité et goût, pour mener la nouvelle génération sur le chemin d'une alimentation naturelle, variée et équilibrée.

(RE)DÉCOUVRIR LE PLAISIR DU «FAIT MAISON»

Le pari était lancé et j'ai immédiatement adhéré : quand on vous offre la chance de contribuer à « changer les choses », c'est tout naturellement qu'on souhaite apporter sa collaboration. Je rencontre régulièrement des enfants qui n'ont jamais croqué dans une pomme entière, pour qui l'univers alimentaire se résume aux sucreries et aux pâtes. Aujourd'hui, 40 % des aliments pour enfants issus de l'industrie contiennent des sucres ajoutés – y compris dans les petits pots ! – enfermant nos enfants dans la spirale rassurante, mais dangereuse, du tout-sucré et de l'uniformisation du goût.
Soutenir le projet fou de Jenny, c'était faire un pas vers la première vraie alternative depuis les petits pots Gerber de 1930, le « fait maison ». C'était offrir aux parents pressés un vrai moyen de nourrir naturellement leur petit grâce au procédé de surgélation. C'était marquer le début d'un changement de mentalité, d'une prise de conscience des parents.

DES PETITS, BIEN DANS LEUR ASSIETTE !

Ce livre parachève cette implication. Il boucle la boucle. Il permet aux parents de reprendre la main sur l'alimentation de leur famille, du bébé à l'aîné, sans pour autant se sacrifier. Il se veut ludique, pour transmettre la joie de manger, informatif pour inculquer les bases d'une bonne alimentation, malin pour coller avec la vie des parents d'aujourd'hui, didactique pour soutenir et encourager les parents dans cette voie inconnue – et donc un brin effrayante – du fait maison. Vous avez, entre les mains, le moyen de faire de vos enfants des êtres bien dans leur assiette, seule véritable arme contre l'obésité et les troubles alimentaires galopants. La « spatule » est dans votre camp !

MEMBRE D'UNE ASSOCIATION DE GESTION AGRÉÉE ACCEPTANT LE PAIEMENT PAR CHÈQUE À SON NOM

DOCTEUR JEAN LALAU KERALY
ANCIEN INTERNE DES HÔPITAUX DE PARIS
ANCIEN CHEF DE CLINIQUE – ASSISTANT
ATTACHÉ À L'HÔPITAL ST-VINCENT-DE-PAUL

PÉDIATRIE

NUTRITION ENDOCRINOLOGIE

TOUS «LAIT» GOÛTS SONT DANS LA NATURE

Bib ou tétée ? Pour certaines, c'est une évidence, dans un choix comme dans l'autre, en fonction de son éducation, de son origine, de son ressenti, de ses craintes, de ses tabous, de ses préjugés, de ses contraintes… Pour d'autres, c'est une décision prise dans l'instant, face à ce Bébé qui cesse de n'être qu'un désir, qu'une pensée, et prend enfin sa place dans la famille. Mais que Bébé soit nourri au sein ou au biberon, une constante surgit : le lait doit être le seul aliment du nourrisson. Jusqu'à 4 mois révolus, ses capacités de déglutition et de digestion ne sont pas suffisamment développées pour envisager l'introduction d'autres aliments. Diminuer la consommation de lait pour introduire d'autres denrées peut entraîner une carence en apport caloriques et lipidiques et en fer, sans parler de l'augmentation des risques d'allergie.

SES PREMIÈRES TÉTÉES

Pourquoi passer tant de temps et d'énergie à allaiter son bébé quand les laits artificiels que l'on trouve en magasin sont, selon les industriels, aussi bénéfiques et bienfaisants que le lait maternel ? Quoi que les publicités puissent dire : il n'y a pas d'aliment mieux adapté au petit d'homme que le lait de sa mère. Le lait maternel est une pure merveille de perfection et on n'a pas encore fini d'en explorer toutes les richesses.
Pas de stérilisation avec l'allaitement : le lait est toujours à bonne température et prêt à être dégusté. Son goût extrêmement varié – il se parfume au gré de l'alimentation maternelle – est une excellente initiation au goût et prédispose l'enfant aux saveurs diversifiées. L'allaitement maternel est aussi très profitable pour les mamans.
Les glandes mammaires et l'utérus étant étroitement liés, la tétée de bébé favorise les contractions utérines permettant à l'utérus de retrouver sa taille normale. Maman récupérera son ventre de jeune fille plus vite ! Pour finir, détail important en termes de pouvoir d'achat, le lait maternel est gratuit, donc économique !

MEMBRE D'UNE ASSOCIATION DE GESTION AGRÉÉE ACCEPTANT LE PAIEMENT PAR CHÈQUE À SON NOM

LAIT MATERNEL HAUTE CONSERVATION

Le lait maternel peut être conservé 24 heures au réfrigérateur et jusqu'à 3 mois au congélateur (-18 °C). Il suffit juste de tirer son lait et de le récupérer. Pour cela, il faut respecter quelques règles d'hygiène simples :

- se laver minutieusement les mains au savon ;
- stériliser les contenants (biberons ou boîtes plastiques) ;
- indiquer clairement sur le contenant la date de recueil du lait.

Pour décongeler, faites réchauffer le lait congelé au bain-marie ou très doucement au micro-ondes. Ne laissez jamais décongeler le lait maternel à température ambiante.

SON PREMIER BIBERON

D'énormes progrès ont été réalisés par les industriels dans la fabrication des laits de substitution à l'allaitement maternel. De plus en plus, le traitement qu'ils subissent permet de les rapprocher au plus près du lait maternel (je pense notamment à l'adaptation des protéines de lait de vache à l'appareil digestif du petit d'homme). Ajoutons à cela que la variété de laits proposée aujourd'hui dans le commerce permet de choisir un lait vraiment adapté aux besoins spécifiques de son enfant. Et plus l'alimentation lactée est personnalisée, plus Bébé se sentira bien et vous aussi !
Le biberon, disons-le, est quand même une solution de qualité et de facilité. L'alimentation au biberon permet de rythmer davantage Bébé en contrôlant exactement ce qu'il mange. Horaires, quantités, fréquence sont donc plus faciles à prévoir, ce qui est rassurant pour de jeunes parents.
Enfin, le biberon permet aux papas de prendre une place importante dans la relation toujours fusionnelle du nourrisson et de sa maman. En tout état de cause, si l'allaitement résonne pour la maman comme une contrainte, un sacrifice, une abnégation trop lourde à porter, inutile d'insister ! Et mieux vaut pour Bébé une maman heureuse et sereine de donner le biberon qu'une maman rongée de ressentiments et d'angoisse à l'idée de donner le sein !

MEMBRE D'UNE ASSOCIATION DE GESTION AGRÉÉE ACCEPTANT LE PAIEMENT PAR CHÈQUE À SON NOM

DOCTEUR JEAN LALAU KERALY
ANCIEN INTERNE DES HÔPITAUX DE PARIS
ANCIEN CHEF DE CLINIQUE – ASSISTANT
ATTACHÉ À L'HÔPITAL ST-VINCENT-DE-PAUL

PÉDIATRIE

NUTRITION ENDOCRINOLOGIE

QUEL LAIT CHOISIR EN FONCTION DE L'ÂGE DE BÉBÉ ?

LES LAITS 1ER ÂGE

Ils sont destinés à remplacer le lait maternel pendant la période d'allaitement exclusif, soit de 0 à 4 mois révolus, voire 6 mois en cas de terrain allergique de l'enfant.
Ils couvrent tous les besoins, sauf en vitamine D – d'où la nécessité d'un apport supplémentaire quotidien, sur prescription médicale.

LES LAITS 2E ÂGE

Appelés aussi « lait de suite », ils sont destinés aux bébés ayant débuté la diversification alimentaire. Il est in-dis-pen-sable de donner à son bébé au minimum 500 ml de lait 2e âge par jour jusqu'à 12 mois, pour couvrir tous ses besoins nutritionnels.

LES LAITS DE CROISSANCE

Adaptés aux enfants de 1 à 3 ans, ils permettent des apports suffisants en fer et acides gras essentiels, ce que ne contient pas le lait de vache. Si vous ne pouvez pas proposer du lait de croissance à votre bébé, privilégiez le lait entier de vache plutôt que le lait demi-écrémé.

MEMBRE D'UNE ASSOCIATION DE GESTION AGRÉÉE ACCEPTANT LE PAIEMENT PAR CHÈQUE À SON NOM

250 ml
240
210
180
150
120
90
60
30
110ml
90
60
MADE IN FRANCE
110ml

Mes conseils de maman

Et si l'un des secrets de la baby-cuisine réussie était l'organisation ?

Un peu cliché me direz-vous. C'est pourtant la stricte vérité. Pour ne pas craquer après quelques semaines du cocktail détonnant Cuisto-Métro-Boulot-Pas Dodo, votre seule bouée de sauvetage est une logistique bien huilée. Vous verrez : au fur et à mesure, vous l'intégrerez et la suivrez sans même y penser. Et c'est à ce moment-là que vous vous direz : « Finalement, ce n'est pas sorcier de cuisiner pour les siens ! » Mais avant cela, petit cours théorique. Les bases d'une logistique de Champion(ne) tiennent sur les doigts d'une seule main :

Règle n° 1 : des «aliments sauveurs» tu ne te sépareras jamais

Pourquoi « sauveurs » ? Parce que si vous parvenez à les avoir toujours à portée de main, ils vous sauveront la vie, vous permettant de concocter des recettes saines, express et délicieuses pour toute la famille ! Sans ce « minimum culinaire », chaque fiche-recette sera pour vous un Himalaya impossible à escalader dans la vie de tous les jours car vous auriez à faire les courses quotidiennement pour 1 ou 2 éléments manquants. Un vrai cauchemar pour un parent actif ! Je vous invite donc à prendre le pli de vous ravitailler régulièrement en « aliments sauveurs » (voir pages 18 à 21).

Règle n° 2 : tu mutualiseras tes recettes

Oui, vous allez cuisiner des recettes pour votre bébé. Mais ne vous arrêtez pas à ce détail et envisagez l'idée sous un autre angle : les légumes, ou préparations que vous allez réaliser pour le repas du gourmet en herbe, vous serviront de base pour votre propre repas. Ainsi, vous n'aurez pas l'impression de passer votre soirée dans les casseroles, entre les recettes pour le petit dernier, le dîner des deux grands et le tête-à-tête avec votre cher et tendre. En un mot : mu-tu-a-li-sez ! Vous pourrez transformer très facilement chaque baby-recette de ce livre en régal des grands.

RÈGLE N° 3 : TU PRÉPARERAS PLUS POUR TRAVAILLER MOINS

Soyons honnêtes : il est des soirs où même les plus efficaces n'auront matériellement pas le temps de consacrer 20 minutes à la préparation du repas : réunion managériale qui n'en finit pas, embouteillage monstre, grippe qui couve… No panic : la parfaite logisticienne que vous êtes aura déjà prévu ce « manquement » et y aura pallié intelligemment. Comment ? En sortant du congélateur les « boîtes d'urgence » qu'elle aura préalablement mitonnées durant ses jours de grand courage. Vous n'êtes pas de celles qui s'avancent et avez peur de n'avoir jamais le courage de préparer vos « boîtes d'urgence» ? Aucun problème, je suis aussi extrêmement fainéante, la raison de ma logistique de fer : vous n'avez qu'à préparer de plus grandes quantités de purées simples lorsque vous cuisinez le repas de Bébé ou les légumes de la famille.

RÈGLE N° 4 : TU ENVISAGERAS TES RECETTES SUR UNE SEMAINE

Vous vous faciliterez amplement la vie si vous parvenez à envisager vos recettes sur une semaine. D'une part, parce qu'en décidant en amont des recettes que vous allez mitonner, vous pourrez faire vos courses en une seule fois, vous épargnant l'horreur du supermarché bondé en rentrant du bureau. D'autre part, parce que vous pourrez planifier les recettes en fonction des temps forts de la semaine. Vos mardis soir sont toujours serrés, amputés par l'éternelle réunion que le boss s'entête à maintenir au-delà de 19 h ? Reportez l'osso-buco que vous comptiez préparer et utilisez votre lundi soir, toujours calme puisque votre aîné a pris l'habitude de dormir chez Tata, pour préparer la ratatouille de mardi soir.
En un mot : pla-ni-fiez pour pouvoir dealer avec votre emploi du temps et en tirer le meilleur.

RÈGLE N° 5 : DU DIMANCHE SOIR, TU FERAS TON ALLIÉ LOGISTIQUE

Vous le répétez sans relâche à qui veut l'entendre : marre des films du dimanche soir des années 80 ! Au lieu de buller devant la 32e rediffusion de Rocky II sur TF1, utilisez cette soirée pour vous avancer dans tous vos dîners de la semaine ! Une petite musique sympa en fond sonore, et en avant pour 1 heure de cuisine qui vous fera gagner du temps tout au long de la semaine durant laquelle vous serez fatiguée, stressée, énervée. Préparez toutes les sauces qui nécessitent de mijoter, puis congelez-les. Si vous savez que certaines soirées seront trépidantes, n'hésitez pas à préparer ces dîners, puis à les congeler, ne laissant que l'accompagnement (les pâtes, la semoule) à cuire à la dernière minute. En toute franchise, ce moment de cuisine du dimanche soir, seule avec mes pensées et ma musique, était un vrai espace-temps pour moi. Et quand je passais en semaine 3 minutes à réchauffer les plats préparés, c'était tout simplement l'extase.

LES USTENSILES INDISPENSABLES

UN PIED MIXEUR OU UN HACHOIR 2 EN 1

Vous apprécierez les services de cette « girafe » qui transforme vos bons petits plats en délicieux veloutés pour Bébé, puis en purées épaisses et enfin en compotées avec morceaux. Facile à utiliser et à nettoyer.

UNE CASSEROLE À FOND ÉPAIS + SON COUVERCLE

Investissez dans cet ustensile 4 en 1 qui vous permettra à la fois de laisser réduire un risotto, faire bouillir l'eau des pâtes, faire mijoter un ragoût et saisir une viande !

UN ÉCONOME

Faute de, on utilisera un couteau bien tranchant. Mais le recours à l'économe vous fera faire l'économie des grosses pelures, qui renferment le plein de vitamines ! Et il épluche en un éclair.

UN PRESSE-PURÉE

Parce qu'il est IN-TER-DIT d'utiliser un mixeur pour faire la purée de pommes de terre – sous peine de se retrouver avec de la glue –, optez pour un presse-purée à utiliser, nettoyer et ranger en un clin d'œil !

UN GRAND CHINOIS OU UNE PASSOIRE À TAMIS

Le grand chinois est une passoire à tamis qui vous permettra à la fois d'expurger les purées, sauces, coulis et compotes des morceaux et d'égoutter pâtes et légumes.

DES BOÎTES HERMÉTIQUES GRADUÉES

Parce qu'elles sont faciles à utiliser, congeler, réchauffer, conserver et laver, ce sont des indispensables qui vous simplifieront grandement l'organisation, et la vie !

PAPIER D'ALUMINIUM

Pour emballer, cuire en papillote, pocher ou conserver, c'est l'un des incontournables du tiroir de cuisine.

PAPIER SULFURISÉ

C'est le papier dont on a toujours peur qu'il mette le feu au four – mais NON, il est conçu spécialement pour – et qui permet de cuire sans brûler, de démouler facilement, de protéger ou de cuire en papillote.

DES SACS CONGÉLATION

Avec une fermeture Zip pour une praticité optimale, ils sont indispensables. Ils permettent de conserver les restes au frais dans de bonnes conditions d'hygiène, de portionner les repas de Bébé pour les congeler ou les laisser au réfrigérateur, d'emporter sans risque de fuite les quatre-heures de votre petit.

UNE PLANCHE À DÉCOUPER + UN BON COUTEAU

Préférez une planche grande, en plastique (le bois est un nid à microbes) et assez souple pour jeter vos légumes émincés dans la casserole sans en faire tomber la moitié à côté.

OPINEL
SAVOIE FRANCE
120
90
60
30
ml

L'ÉPICERIE

(ALIMENTS SAUVEURS 1/4)

Ce sont vos « fondamentaux du placard », les aliments dont vous avez toujours un paquet d'avance, que vous utilisez régulièrement et dont vous contrôlez le niveau pour ne jamais en manquer. Un achat bimestriel est suffisant.

LES SURGELÉS

(ALIMENTS SAUVEURS 2/4)

Ce sont vos « Frozen Friends », les aliments frais qui ont été surgelés pour vous faciliter la vie culinaire : ils se conservent longtemps mais gardent les mêmes qualités nutritionnelles et gustatives que si vous veniez de les cueillir !

fruits rouges et fruits exotiques : mangue, litchis, ananas

filets de poisson : cabillaud, saumon, thon et blancs de poulet

herbes aromatiques : basilic, ciboulette, estragon, thym, coriandre, mais aussi échalotes et ail hachés

légumes verts : petits pois, brocolis, haricots verts, épinards, fèves...

LE RAYON FRAIS
(ALIMENTS SAUVEURS 3/4)

C'est votre «panier obligatoire », la liste que vous allez prendre l'habitude d'acheter à chacune de vos virées au supermarché. Ils deviendront vos « achats instinctifs ».

LES PRIMEURS

(ALIMENTS SAUVEURS 4/4)

C'est votre carte « Santé-Plaisir » ! Conservez ces trésors en petites quantités dans votre bac fraîcheur pour des plats riches en goût et en bienfaits. Et renouvelez votre mini-stock chaque semaine !

LES PREMIÈRES *compotes* ET *purées*

À PARTIR DE 4 MOIS
RÉVOLUS AU PLUS TÔT

(mais à 6 mois, c'est pas grave !)

Maïa, 6 mois,
BABY GASTRONOME

DOCTEUR JEAN LALAU KERALY
ANCIEN INTERNE DES HÔPITAUX DE PARIS
ANCIEN CHEF DE CLINIQUE – ASSISTANT
ATTACHÉ À L'HÔPITAL ST-VINCENT-DE-PAUL
PÉDIATRIE
NUTRITION ENDOCRINOLOGIE

LA DÉCOUVERTE DES ALIMENTS

QUAND COMMENCER L'INTRODUCTION DES ALIMENTS SOLIDES ?

La grande question qui taraude les parents ; les uns s'angoissant de voir leur petit glouton carencé ou sous-alimenté s'ils ne lui présentent pas sa première purée le jour de ses 4 mois ; les autres considérant l'inoffensif haricot vert comme un présumé coupable d'allergie, devant subir les pires transformations culinaires censées lui faire perdre sa toxicité potentielle et en même temps ses vitamines.

ÉCOUTEZ VOTRE BÉBÉ !

Pour mettre tout le monde d'accord, je dirai que le moment est venu de donner à Bébé ses premiers fruits ou légumes… quand celui-ci commence à s'y intéresser ! À 5 mois, il commence à rechigner à boire tout son biberon ? Il tend la main pour attraper ce qu'il y a dans votre assiette ou réclame le croûton de pain que vous vous apprêtez à croquer ? C'est sans doute le moment de lui faire goûter ses premières compotes. Vous piétinez d'impatience à l'idée de faire goûter la purée de carottes à votre bébé de 6 mois qui tète goulûment son biberon et s'obstine à fermer la bouche quand vous approchez la cuillère remplie ? Réessayez plus tard ! Entre 4 et 6 mois, il n'y a aucune urgence : le lait reste son aliment de base, l'aliment qui lui sert à grandir harmonieusement. Les premiers repas sont une initiation aux saveurs et au plaisir de manger, pas – ou très peu – un apport nutritionnel véritable.

LE CHEMIN VERS UNE DIVERSIFICATION RÉUSSIE

Fruits ou légumes en premier ? C'est la question que posent systématiquement les parents aux pédiatres. Pour pouvoir répondre autre chose que « peu importe », les pédiatres ont formé deux clans ; les « pro-légumes-en-premier » et les « pro-fruits-en-premier », avec chacun d'excellents arguments. En réalité, lorsque vous faites découvrir à votre petit un aliment, peu importe qu'il s'agisse d'un légume ou d'un fruit. Il faut simplement éviter les mets dits « à risque », c'est-à-dire fortement allergènes comme le blanc d'œuf, les fraises, les fruits à coque…

LAISSEZ-LE ALLER À SON RYTHME

Certains parents s'inquiètent de voir leur bébé refuser les céréales (sans gluten) que les tableaux de diversification alimentaire leur prescrivent. Quelle importance, si leur

MEMBRE D'UNE ASSOCIATION DE GESTION AGRÉÉE ACCEPTANT LE PAIEMENT PAR CHÈQUE À SON NOM

petit est en bonne santé ? En phase de diversification, proposez à Bébé ce qui lui fait plaisir, ce qui titille sa curiosité ! Laissez-le faire connaissance avec les aliments et ne vous inquiétez pas s'il ne finit pas les 14,5 g prescrits par votre pédiatre : ses apports nutritionnels sont comblés par le lait.

IL RÉCLAME ENCORE DES CAROTTES ?

Resservez-le. Votre rôle est de lui faire découvrir que les fruits et légumes, ce n'est que du plaisir ! Proposez donc fruits ou légumes, au gré de vos envies de cuisinier (cuisinière) et de ses demandes de Bébé gourmand. Il fait chaud ? Optez pour la compote de pêches. Il fait froid ? Mitonnez une bonne purée de brocolis. Commencez la diversification en douceur, en proposant au début un seul et même aliment tous les 3-4 jours, pour surveiller les réactions de votre bébé. Si tout va bien, vous pouvez poursuivre, en introduisant d'autres aliments.

NE FORCEZ JAMAIS VOTRE PETIT

Cela risquerait de compromettre fortement les bonnes relations qu'il entretiendra plus tard avec la nourriture. Contentez-vous de mettre à disposition les fruits ou légumes préparés et à observer sa réaction. Enfin, n'hésitez pas à inviter Bébé à la table familiale pour lui permettre de se familiariser avec vos (bonnes !) habitudes alimentaires, d'entrer dans une dynamique de « grand ». Et si, en plus, il découvre que vous mangez la même chose que lui, il y a fort à parier que Bébé entrera rapidement, avec succès et excitation, dans le monde magique des aliments !

LES DIVERSIFICATEURS PHOBIQUES

Aux parents inquiets de la dangerosité potentielle des aliments, je dirai une chose : vous ne pouvez pas mettre votre enfant sous une bulle de protection et le maintenir de force à l'état de nourrisson ! Le passage à l'alimentation solide est un tournant dans son développement psychomoteur. Les aliments ne sont pas dangereux, même si Bébé a un terrain allergique. Il faut simplement prendre son temps afin que Bébé apprivoise à son rythme la palette des fruits et légumes. Dans ce cas, vous pourrez contrôler ses réactions et ajuster son alimentation en fonction de ses besoins propres. Sachez enfin que trop retarder l'introduction des premiers aliments (au-delà de 7-8 mois), c'est prendre le risque d'exposer votre petit à des carences ou des troubles du comportement alimentaire.

LES DIVERSIFICATEURS PRESSÉS

À ceux qui souhaiteraient introduire trop tôt les aliments (avant 4 mois), sachez que cela revient à remplacer un aliment complet - le lait - par quelque chose de qualité inférieure, qui risquerait justement d'entraîner des troubles plus ou moins graves. Ce n'est qu'à partir de 4 mois révolus que l'appareil digestif du bébé est mature et capable d'assimiler d'autres aliments que le lait. Sa muqueuse intestinale s'est renforcée, réduisant les risques d'allergie alimentaire. Le réflexe de succion a diminué et la coordination musculaire s'est améliorée, permettant à Bébé de manier sa langue pour pousser les purées vers sa gorge, et ensuite de déglutir.

MEMBRE D'UNE ASSOCIATION DE GESTION AGRÉÉE ACCEPTANT LE PAIEMENT PAR CHÈQUE À SON NOM

compote de pommes

10' | 15' | 24h | -18°

POUR 5 PORTIONS DE 100 G

5-6 pommes sucrées
(elstar, belle de Boskoop, golden),
soit environ 600 g

1. Lavez et épluchez les pommes, enlevez les pépins, puis taillez-les en cubes.
2. Dans une casserole, couvrez les cubes de pomme à moitié d'eau, faites bouillir et laissez cuire à feu moyen pendant 15 minutes sans couvrir. À la fin de la cuisson, il doit rester environ 3-4 cuillères à soupe d'eau.
3. Vérifiez que les pommes sont bien cuites et mixez pour obtenir une compote bien lisse.

mes astuces miam-miam

Pour varier un peu, ajoutez ½ cuillère à café de cannelle avec les pommes au moment de la cuisson.
Mes enfants adorent également quand je leur fais moitié pommes moitié bananes. Pour cela, remplacez deux pommes par deux bananes. Ôtez la peau et coupez-les en rondelles. Laissez cuire selon la recette puis mixez. Délicieux !

compote de pêches

5' | 10' | 24h | -18°

POUR 5 PORTIONS DE 100 G

12 pêches jaunes
1 c. à s. de cassonade

1. Lavez les pêches, ôtez les noyaux et coupez la chair en morceaux.
2. Dans une casserole, couvrez les pêches au tiers d'eau, faites bouillir, couvrez, puis laissez cuire à feu moyen pendant 10 minutes. En fin de cuisson, il doit rester environ 3-4 cuillères à soupe d'eau.
3. Ajoutez la cassonade et mixez pour obtenir une compote bien lisse.

mes astuces miam-miam

Vous pouvez ajouter 1 ou 2 feuilles de menthe fraîche à la fin de la cuisson.
Les pêches sont assez aqueuses. S'il vous reste trop de jus en fin de cuisson, gardez-le comme un sirop 100 % naturel et utilisez-le à la place du sucre pour un yaourt ou un petit-suisse en dessert.

compote de poires

7' | 15' | 24h | -18°

POUR 5 PORTIONS DE 100 G

6 grosses poires (environ 600 g), de préférence la variété williams

1. Lavez et épluchez les poires, enlevez les pépins, puis taillez-les en cubes.
2. Dans une casserole, couvrez les cubes de poire à moitié d'eau, faites bouillir et laissez cuire à feu moyen pendant 15 minutes sans couvrir. À la fin de la cuisson, il doit rester environ 3-4 cuillères à soupe d'eau.
3. Vérifiez que les poires sont bien cuites et mixez pour obtenir une compote bien lisse.

mes astuces miam-miam

Cette compote est encore meilleure si l'on ajoute une gousse de vanille au moment de la cuisson. Ouvrez la gousse dans le sens de la longueur. Avec un couteau, grattez pour retirer les graines. Incorporez-les à la préparation avec la gousse ouverte. Avant de mixer, retirez la gousse.

compote d'abricots

5' | 15' | 24h | -18°

POUR 5 PORTIONS DE 100 G

15 abricots (soit environ 600 g)

1. Lavez les abricots, ôtez les noyaux et coupez la chair en morceaux.
2. Dans une casserole, couvrez les abricots à moitié d'eau, faites bouillir, couvrez et laissez cuire à feu moyen pendant 15 minutes. En fin de cuisson, il doit rester environ 3-4 cuillères à soupe d'eau.
3. Mixez pour obtenir une compote bien lisse.

mes astuces miam miam

Les abricots se marient parfaitement avec la vanille. Ouvrez une gousse de vanille dans le sens de la longueur. Avec un couteau, grattez l'intérieur pour retirer les graines de vanille, puis ajoutez-les, avec la gousse ouverte, dans la casserole. Retirer la gousse avant de mixer.
Autre option, ajoutez 2 feuilles de basilic avant de mixer.

compote de mirabelles

10' | 15' | 24h | -18°

POUR 5 PORTIONS DE 100 G

750 g de mirabelles
2 c. à s. de cassonade

1. Lavez les mirabelles et coupez-les en deux. Enlevez les noyaux.
2. Dans une casserole, couvrez les mirabelles à moitié d'eau, faites bouillir et laissez cuire environ 10 minutes sans couvrir.
3. Ajoutez la cassonade et prolongez la cuisson de 5 minutes.
4. Il doit rester environ 3-4 cuillères à soupe de jus en fin de cuisson. S'il y en a trop, réservez l'excédent et utilisez-le comme un sucre pour des laitages en dessert ou en goûter. S'il n'y en a pas assez, rajoutez quelques cuillères d'eau.
5. Mixez pour obtenir une compote bien lisse.

mes astuces miam-miam

Hors saison, vous pouvez utiliser des mirabelles surgelées qui sont excellentes pour faire une compote.

compote de melon

5' | 20' | 24h | -18°

POUR 5 PORTIONS DE 100 G

1 melon de Cavaillon

1. Coupez le melon en deux, ôtez les pépins et coupez-le en demi-lunes. Enlevez la peau, puis coupez la chair en morceaux.
2. Mixez sans cuire pour une compote très rafraîchissante.

Pour un goût plus intense, faites d'abord rôtir les tranches de melon au four. Cela permet de réduire la quantité d'eau contenue dans le melon et donc d'en concentrer le goût. Pour cela, préchauffez le four à 200 °C. Mettez les tranches de melon, sans la peau, sur une plaque couverte de papier d'aluminium. Enfournez et laissez rôtir pendant 20 minutes. Sortez le melon du four et mixez pour obtenir une compote bien lisse.

mes astuces miam-miam

Essayez cette compote version « rôtie » avec de la pastèque. Suivez la recette ci-dessus, doublez la quantité de fruit et veillez bien à ôter tous les pépins noirs.

compote prunes-poires

15' 15' 24h -18°

POUR 5 PORTIONS DE 100 G

15 prunes de taille moyenne (environ 350 g)
3 poires sucrées (williams)

1. Lavez les prunes et dénoyautez-les à l'aide d'un petit couteau.
2. Lavez et épluchez les poires, enlevez les pépins et coupez-les en cubes.
3. Dans une casserole, couvrez les fruits à un tiers d'eau, faites bouillir, couvrez et laissez cuire pendant 15 minutes. En fin de cuisson, il doit rester environ 3 cuillères à soupe d'eau.
4. Mixez pour obtenir une compote lisse.

mes astuces miam-miam

Il y a beaucoup de variétés de prunes, certaines plus acidulées que d'autres. Utilisez les prunes bien mûres et sucrées car la peau ajoute une note acide.

compote cerises-pommes

⏲	🍲	❄ (réfrigérateur)	❄
20'	15'	24h	-18°

POUR 5 PORTIONS DE 100 G

400 g de cerises
3 grosses pommes
(belle de Boskoop ou golden),
soit environ 300 g

1. Lavez les cerises, ôtez les queues et dénoyautez-les à l'aide d'un petit couteau.
2. Lavez et épluchez les pommes, enlevez les pépins et coupez-les en cubes.
3. Dans une casserole, couvrez les fruits à moitié d'eau, faites bouillir, couvrez et laissez cuire pendant 15 minutes. En fin de cuisson, il doit rester environ 3 cuillères à soupe d'eau.
4. Mixez pour obtenir une compote lisse.

mes astuces miam-miam

Hors saison, vous pouvez remplacer les cerises par des raisins noirs. Lavez-les, coupez-les en deux et ôtez les pépins. Prenez de préférence des pommes bien sucrées du type golden pour contrebalancer la légère acidité de la peau des raisins.

compote ananas-litchis

15' | 20' | 24h | -18°

POUR 5 PORTIONS DE 100 G

2 ananas Victoria, soit environ 300 g
200 g de litchis
(frais ou surgelés, évitez ceux en boîte car beaucoup trop sucrés)

1. Ôtez la peau des ananas en veillant à ne pas laisser la moindre trace de peau sur la chair. Coupez autour du noyau dur des ananas et jetez-le, puis taillez la chair en cubes.
2. Enlevez les coques des litchis si vous en utilisez des frais puis dénoyautez-les.
3. Dans une casserole, couvrez les fruits à moitié d'eau, couvrez, faites bouillir et laissez cuire 20 minutes à feu doux. En fin de cuisson, il doit rester 3-4 cuillères à soupe de jus.
4. Mixez pour obtenir une compote bien lisse.

mes astuces miam-miam

Pour faire cette compote toute l'année, vous trouverez de l'ananas et des litchis surgelés prêts à l'emploi.

compote mangues-bananes

10' | 10' | 24h | -18°

POUR 5 PORTIONS DE 100 G

2 belles mangues mûres
(environ 400 g de chair)
3 bananes

1. Coupez les mangues de haut en bas en passant de part et d'autre du gros noyau. Avec un petit couteau, enlevez la peau des deux moitiés et coupez la chair en morceaux. Récupérez également la chair restant autour du noyau.
2. Ôtez la peau des bananes et coupez-les en rondelles.
3. Dans une casserole, mettez les mangues et les bananes, puis couvrez-les à moitié d'eau. Faites bouillir, couvrez et laissez cuire pendant 10 minutes. En fin de cuisson, il doit rester environ 3 cuillères à soupe d'eau.
4. Mixez pour obtenir une compote bien lisse.

mes astuces miam-miam

Moins chère et plus pratique que la mangue fraîche, optez pour la mangue surgelée, disponible en tranches sans peau !
Parfait pour une compote.

purée de carottes

Préparation	Cuisson	Réfrigérateur	Congélateur
15'	15'	24h	-18°

POUR 5 PORTIONS DE 100 G

8 grosses carottes (environ 500 g)
1 c. à c. d'huile de tournesol

1. Lavez et épluchez les carottes, puis coupez-les en rondelles.
2. Dans une casserole, couvrez-les d'eau et laissez cuire pendant 15 minutes.
3. Égouttez et mixez les carottes avec l'huile de tournesol.

mes astuces miam-miam

Les carottes perdent parfois un peu de leur bon goût sucré à la cuisson. Pour renforcer leur goût naturel, ajoutez quelques feuilles de coriandre fraîche en fin de cuisson que vous conserverez au moment de mixer.
Pour une touche orientale, faites cuire les carottes dans 20 cl de jus d'orange. En fin de cuisson, mixez les carottes avec le reste de jus, 2 cuillères à café de jus de pomme et ½ cuillère à café de cumin moulu. Même les grands en raffolent !

purée de petits pois

🕒	🍲	🧊	❄
5'	10'	24h	-18°

POUR 5 PORTIONS DE 100 G

500 g de petits pois surgelés
2 c. à s. de crème fraîche

1. Dans une casserole, couvrez les petits pois d'eau, faites bouillir et laissez cuire pendant 7-8 minutes. Égouttez.
2. Mixez avec la crème fraîche pour obtenir une purée bien lisse.

mes astuces miam-miam

Pour une petite note acidulée, mixez-les avec 2 feuilles de menthe fraîche. Excellent pour Bébé comme pour toute la famille avec, par exemple, de l'agneau grillé.
Certains enfants n'aiment pas la texture un peu granuleuse que la purée de petits pois revêt à cause de sa peau légèrement épaisse. Personnellement, je trouve positif que les bébés s'habituent aux textures naturelles des aliments, mais, au besoin, passez cette purée au chinois pour une purée encore plus lisse.

purée de maïs et de pommes de terre

8' | 15' | 24h | -18°

POUR 5 PORTIONS DE 100 G

400 g de maïs surgelé ou en boîte
2 pommes de terre
1 noisette de beurre (10 g)

1. Lavez et épluchez les pommes de terre, puis taillez-les en cubes.
2. Dans une casserole, couvrez les pommes de terre d'eau, faites bouillir et laissez cuire pendant 10 minutes. Ajoutez le maïs et poursuivez la cuisson. Égouttez.
3. Mixez avec la noisette de beurre pour obtenir une purée bien lisse.

mes astuces miam-miam

Pour varier, vous pouvez remplacer les pommes de terre par des carottes. Comme pour les petits pois, la peau du maïs rend cette purée légèrement granuleuse. Si Bébé n'aime vraiment pas, passez la purée au chinois.

purée de haricots verts

5' | 10' | 24h | -18°

POUR 5 PORTIONS DE 100 G

500 g de haricots verts frais ou surgelés
1 c. à c. d'huile d'olive

1. Équeutez les haricots verts si vous en utilisez des frais.
2. Dans une casserole, couvrez-les à moitié d'eau, faites bouillir et laissez cuire sans couvrir pendant 10 minutes. Il doit rester très peu d'eau en fin de cuisson (environ 2 cuillères à soupe).
3. Mixez les haricots verts avec l'eau de cuisson restante et l'huile d'olive.

mes astuces miam-miam

Cette purée peut aussi se faire en remplaçant la moitié des haricots verts par des petits pois. C'est très bon, un peu sucré et plus onctueux que la purée 100 % haricots verts.
Pour une note estivale, ajoutez 2 feuilles de basilic avant de mixer. Le basilic se marie à merveille avec les deux variations de cette purée verte.

purée d'avocat

5' 5'

POUR 1 PORTION DE 100 G

1 avocat bien mûr
2-3 gouttes de citron

1. Ouvrez l'avocat et ôtez le noyau.
2. Avec une cuillère, prélevez la chair de l'avocat.
3. Mixez avec les gouttes de citron pour éviter l'oxydation.

mes astuces miam-miam

Contrairement aux autres fruits, l'avocat ne mûrit pas sur l'arbre mais seulement une fois coupé. Un avocat dur est donc un signe de fraîcheur ! Pour le faire mûrir, laissez-le simplement à température ambiante dans un papier kraft brun. Une astuce pour accélérer le processus : placez-le à côté d'une banane ou d'une pomme. En dégageant naturellement de l'éthylène, ces fruits le feront mûrir plus vite !
Ma fille Maya continue à dévorer cette purée avec du poulet, de la viande grillée ou du poisson comme le thon ou l'espadon. Maintenant qu'elle est plus grande, nous ajoutons une micro-pincée de fleur de sel et une goutte de Tabasco dans son guacamole façon enfant.

purée de potiron

10' 15' 24h -18°

POUR 5 PORTIONS DE 100 G

1 tranche de 750 g de potiron
1 belle pomme de terre monalisa
1 noisette de beurre (10 g)
2-3 gouttes de jus de citron

1. Lavez et épluchez le potiron et la pomme de terre, puis taillez-les en cubes.
2. Dans une casserole, couvrez les cubes d'eau, faites bouillir et laissez cuire pendant 15 minutes. Égouttez.
3. Mixez avec la noisette de beurre et le jus de citron pour obtenir une purée bien lisse.

mes astuces miam-miam

Cette purée est encore meilleure agrémentée de vanille ou d'une pincée de cumin. Pour la vanille, ouvrez une gousse et grattez les petites graines avec un couteau puis ajoutez-les au potiron juste avant de mixer. Pour le cumin, ajoutez ¼ de cuillère à café de cumin moulu avant de mixer.
Le goût du potiron peut parfois être un peu « terreux ». Des gouttes de citron ajoutent juste la touche d'acidité nécessaire pour contrebalancer cela.

purée de patates douces

Préparation	Cuisson	Réfrigérateur	Congélateur
5'	15'	24h	-18°

POUR 5 PORTIONS DE 100 G

3 grosses patates douces
(soit environ 600 g)
1 noisette de beurre (10 g)

1. Lavez et épluchez les patates douces, puis taillez-les en cubes.
2. Dans une casserole, couvrez les cubes de patate douce d'eau, faites bouillir et laissez cuire pendant 15 minutes. Égouttez.
3. Mixez avec la noisette de beurre pour obtenir une purée bien lisse.

mes astuces miam-miam

La patate douce a un goût doux et sucré, très apprécié des enfants. Pour les plus grands, je coupe souvent les patates douces en bâtonnets que je fais rôtir au four pendant 20 minutes environ. Le goût devient ainsi plus prononcé et les enfants adorent les manger avec les doigts !

purée de panais

10' | 15' | 24h | -18°

POUR 5 PORTIONS DE 100 G

4 panais (soit environ 600 g)
20 cl de lait
1 noisette de beurre (10 g)

1. Lavez et épluchez les panais, puis taillez-les en cubes.
2. Dans une casserole, couvrez les cubes de lait, faites bouillir et laissez cuire pendant 15 minutes. Égouttez. Gardez un peu de lait de côté.
3. Mixez avec la noisette de beurre et ajoutez un peu du lait restant pour que la purée soit bien onctueuse.

mes astuces miam-miam

Variez cette purée en remplaçant un panais par une pomme sucrée (belle de Boskoop ou similaire). Ajoutez la pomme épluchée et coupée en morceaux 5 minutes avant la fin de la cuisson du panais. Ôtez l'excédent de lait pour que la purée ne soit pas trop liquide. Mixez.
Cette purée, plus sucrée et fruitée, est excellente même pour les tout-petits.

purée de chou-fleur

7' 15' 24h -18°

POUR 5 PORTIONS DE 100 G

600 g de fleurettes de chou-fleur
(fraîches ou surgelées)
20 cl de lait
1 noisette de beurre (10 g)

1. Lavez et coupez les fleurettes si vous en utilisez des fraîches.
2. Dans une casserole, faites bouillir le lait, ajoutez-y les fleurettes et laissez cuire à feu moyen (le lait déborde très facilement) pendant 15 minutes.
3. Ôtez le lait, mais gardez-le de côté pour ajuster la texture.
4. Mixez le chou-fleur avec la noisette de beurre et incorporez un peu de lait pour avoir une purée bien lisse et onctueuse.

mes astuces miam-miam

Mettez un brin de thym dans la casserole 5 minutes avant la fin de la cuisson. Ôtez-le avant de mixer. Le thym adoucit mais ne dénature pas le goût du chou-fleur.

purée de brocolis

7' · 10' · 24h · -18°

POUR 5 PORTIONS DE 100 G

600 g de fleurettes de brocoli
(fraîches ou surgelées)
1 c. à c. d'huile d'olive

1. Lavez et coupez les fleurettes si vous en utilisez des fraîches.
2. Dans une casserole, couvrez les fleurettes à moitié d'eau, faites bouillir et laissez cuire sans couvrir pendant 10 minutes. Il doit rester très peu d'eau en fin de cuisson, environ 2 cuillères à soupe.
3. Mixez les fleurettes de brocoli avec l'eau de cuisson restante et l'huile d'olive.

mes astuces miam-miam

Pour rendre plus douce et plus onctueuse cette purée au goût corsé, j'ajoute deux portions de fromage fondu, type Kiri®, au moment de mixer.
Vous pouvez également mettre quelques feuilles de persil plat ou de sauge avant de mixer. C'est tout simplement excellent !

LES PREMIERS *déjeuners* ET LES PREMIÈRES *douceurs*

À PARTIR DE 6 MOIS RÉVOLUS AU PLUS TÔT

Thelma, 6 mois,
TESTEUSE

Docteur Jean LALAU KERALY
ANCIEN INTERNE DES HÔPITAUX DE PARIS
ANCIEN CHEF DE CLINIQUE – ASSISTANT
ATTACHÉ À L'HÔPITAL ST-VINCENT-DE-PAUL

PÉDIATRIE

NUTRITION ENDOCRINOLOGIE

LES PREMIERS DÉJEUNERS

En quelques mois, Bébé s'est bien installé dans sa nouvelle alimentation : il mange maintenant de vraies portions de légumes le midi et de fruits au goûter, tout en conservant ses biberons de lait comme alimentation principale (pas moins de 750 ml par jour). Il prend peu à peu de l'autonomie, se servant – plus ou moins adroitement – de sa cuillère. Le soir, il se régale de son biberon de lait agrémenté ou non de céréales selon son appétit.

INTRODUCTION DE NOUVEAUX ALIMENTS

À cet âge (6-7 mois), Bébé peut franchir un autre pas dans son cheminement vers une alimentation de grand : l'introduction de la viande, du poisson, des laitages autres que le lait, du fromage, des céréales avec gluten et de certaines graisses (huiles d'olive, de colza, beurre). L'arrivée de ces nouveaux aliments permet aux parents de proposer des menus plus élaborés, des recettes plus intéressantes. Cela permet également de coller de plus en plus l'alimentation de Bébé à celle de la famille, ravissant le premier parce qu'il accède à un autre statut, et les parents parce qu'ils peuvent maîtriser plus aisément la logistique des repas !

TOUT DOUCEMENT…

Si les 6-7 mois de Bébé marquent l'introduction de la viande, inutile cependant d'en faire un carnivore de première catégorie ! À cet âge, 20 g de protéines animales par jour (soit 2 cuillères à café) suffisent amplement à son organisme. Vous pouvez aller jusqu'à 3 cuillères à café en fin d'introduction si Bébé est vraiment fan.
Vous pouvez donc mitonner dès à présent à votre mini-gourmet de vrais déjeuners élaborés, avec de la viande ou du poisson mixés, servis à côté de l'accompagnement, pour que votre petit puisse bien différencier les textures, les couleurs et les saveurs des aliments. Le repas se termine par une petite touche sucrée de compote de fruits – ou des fruits écrasés –, pourquoi pas mélangée à du fromage blanc.

RESPECTER L'APPÉTIT, LES ENVIES ET LES PRÉFÉRENCES DE VOTRE BÉBÉ

S'il ne finit pas, ne le forcez pas. S'il réclame d'autres légumes, servez-le. Contrairement à nous, adultes, qui allons être capable de nous resservir 3 fois du ragoût de mouton de Tata Raymonde – avec plus de pommes de terre, s'il te plaît Tata ! –, Bébé sait écouter son corps et respecte son sentiment de satiété. S'il n'a plus faim, il refusera son dessert

MEMBRE D'UNE ASSOCIATION DE GESTION AGRÉÉE ACCEPTANT LE PAIEMENT PAR CHÈQUE À SON NOM

(si si, même si cela vous paraît inconcevable !). S'il n'aime pas la compotée de maïs que vous avez amoureusement préparée, ne le prenez pas pour vous ! Vous lui ferez regoûter une prochaine fois. Tout comme vous, il a le droit de ne pas aimer certains aliments – même si ses goûts évolueront. La règle est simplement de goûter.

DÈS 7 MOIS !

Bébé peut goûter aux œufs. Ne conservez tout d'abord que le jaune, le blanc étant allergène et déconseillé avant 1 an minimum (3 ans si l'enfant a un terrain allergique). Commencez par proposer 1/2 jaune (bien cuit) au début, puis 1 jaune entier dès 1 an.

DÈS 8 MOIS !

Vous pouvez laisser Bébé mâchonner un croûton de pain sur lequel il pourra se faire les dents. Restez toujours à côté de votre petit lorsqu'il grignote son pain : s'il en prend un trop gros morceau, il ne sera pas assez autonome pour l'enlever seul. Si vous avez peur d'un accident, préférez les galettes de riz soufflé – au rayon diététique – qui sont tout autant source de plaisir pour Bébé, mais offrent plus de sécurité puisque les grains de riz soufflés se « détachent » au fur et à mesure que l'enfant mâchonne.

DANS CE CHAPITRE

Vous allez donc découvrir de vrais déjeuners marquant le début d'une ère nouvelle dans les découvertes gustatives de votre enfant. C'est l'heure des associations de saveurs, des recettes plus recherchées, plus osées en goût. Solliciter ainsi les papilles de Bébé, c'est lui permettre d'accepter plus tard et d'apprécier tout ce qui a du goût et pas seulement les « aliments refuges » sans saveurs marquées, comme le riz et les pâtes.

MEMBRE D'UNE ASSOCIATION DE GESTION AGRÉÉE ACCEPTANT LE PAIEMENT PAR CHÈQUE À SON NOM

poulet aux carottes et abricots

15' 20' 24h -18°

POUR 5 PORTIONS DE 100 G

100 g de blanc de poulet
10 grosses carottes (environ 600 g)
10-12 abricots frais ou surgelés (environ 300 g)
20 cl de jus d'orange
1 c. à c. d'huile de tournesol
2 c. à c. d'échalote finement hachée

1. Lavez et épluchez les carottes, puis coupez-les en rondelles. Lavez et dénoyautez les abricots. Coupez le blanc de poulet en petits morceaux.
2. Dans une casserole, faites chauffer l'huile et ajoutez-y l'échalote. Saisissez-la 1 à 2 minutes, puis ajoutez le poulet.
3. Une fois les morceaux bien dorés, ajoutez les carottes, les abricots et le jus d'orange. Couvrez à moitié d'eau. Couvrez et laissez mijoter 15-20 minutes. En fin de cuisson, vérifiez que les carottes sont bien fondantes.
4. Mixez pour obtenir une purée bien lisse.

accompagnements

Servez avec une purée de panais, de navets (voir page 84) ou de petits pois (voir page 44).

mes astuces miam-miam

Vous pouvez remplacer les fruits frais par 10 abricots secs et doubler la quantité de jus d'orange. L'abricot sec a l'avantage d'être très riche en fer et en vitamine B.

dinde aux marrons et pommes

10'	20'	24h	-18°

POUR 5 PORTIONS DE 100 G

1 escalope de dinde d'environ 100 g
200 g de marrons précuits
4 pommes (environ 250 g)
2 c. à c. d'échalote finement hachée
1 c. à c. d'huile de tournesol
½ c. à c. de cannelle
½ c. à c. de gingembre frais, râpé ou surgelé
½ c. à c. de clous de girofle

1. Lavez et épluchez les pommes. Coupez-les en morceaux et ôtez les pépins.
2. Coupez l'escalope de dinde en morceaux, puis faites-les dorer dans une casserole avec l'échalote et l'huile de tournesol.
3. Incorporez les épices, mélangez, puis ajoutez les pommes et les marrons. Couvrez à moitié d'eau, portez à ébullition, couvrez et laissez mijoter pendant 15 minutes.
4. Retirez du feu et mixez.

accompagnement

Servez ce plat avec une purée de patates douces (voir page 52).

fricassée de poulet à l'estragon

15' 15' 24h -18°

POUR 5 PORTIONS DE 100 G

1 blanc de poulet d'environ 100 g
2 courgettes (environ 120 g)
2 navets (environ 100 g)
100 g de fleurettes de brocoli
80 g de haricots verts
2 c. à c. d'estragon ciselé
1 c. à c. d'huile de tournesol
¼ de cube de bouillon de légumes

1. Lavez les légumes et épluchez-les.
2. Taillez les navets en cubes. Coupez les courgettes en rondelles.
3. Coupez le blanc de poulet en morceaux.
4. Dans une casserole à fond épais, faites chauffer l'huile et dorez-y les morceaux de poulet. Ajoutez les légumes, le bouillon et l'estragon et couvrez à moitié d'eau. Faites mijoter 10 minutes à feu moyen sans couvrir.
5. Retirez du feu, égouttez (réservez quelques cuillères d'eau de cuisson pour pouvoir rectifier la texture de la purée) et mixez pour obtenir une purée lisse.
6. Ajoutez un peu d'eau de cuisson si vous trouvez la purée trop compacte ou granuleuse.

accompagnement

Servez ce plat accompagné d'une purée de patates douces (voir page 52).

dinde au maïs et à l'oignon doux

5' 15' 24h -18°

POUR 5 PORTIONS DE 100 G

1 filet de dinde d'environ 100 g
350 g de grains de maïs surgelés ou en boîte
2 c. à s. d'oignon doux (oignon blanc) finement haché
2 c. à c. d'huile de tournesol

1. Coupez le filet de dinde en petits morceaux.
2. Dans une casserole à fond épais, faites chauffer l'huile, mettez-y l'oignon doux et laissez cuire 1 minute. Ajoutez les morceaux de dinde, faites-les dorer sur tous les côtés, sans cesser de remuer. Ajoutez le maïs, mélangez, et couvrez le tout à moitié d'eau.
3. Faites cuire à feu doux, sans couvrir, pendant 15 minutes.
4. Retirez du feu et mixez pour obtenir une purée bien lisse.
5. Si vous trouvez la texture trop granuleuse, rajoutez quelques cuillères d'eau et mixez un peu plus.

accompagnements

Servez ce plat accompagné d'une purée de potiron et de pommes (voir page 80) ou d'une purée de patates douces (voir page 52).

piccata de veau à l'orange

10' · 15' · 24h · -18°

POUR 5 PORTIONS DE 100 G

1 escalope de veau d'environ 100 g
1 fenouil (environ 250 g)
4 carottes (environ 150 g)
1 c. à c. d'échalote finement hachée
1 c. à c. d'huile de tournesol
30 cl de jus d'orange

1. Lavez et épluchez les carottes, puis coupez-les en rondelles. Lavez le fenouil, ôtez les branches et coupez le bulbe en fines lamelles. Taillez l'escalope en cubes.
2. Dans une casserole à fond épais, faites chauffer l'huile et ajoutez l'échalote hachée et les cubes d'escalope de veau. Faites dorer, puis ajoutez les carottes, le fenouil et le jus d'orange. Faites cuire à feu moyen sans couvrir pendant 12 minutes. Veillez à ce qu'il reste toujours du jus d'orange pendant la cuisson. Baissez le feu ou couvrez si vous voyez que le liquide s'évapore trop vite.
3. Hors du feu, mixez pour obtenir une purée bien lisse.

accompagnements

Servez ce plat accompagné d'une purée douce de panais (voir page 53) ou d'une purée de petits pois (voir page 44).

mijoté de veau aux légumes oubliés

15' | 20' | 24h | -18°

POUR 5 PORTIONS DE 100 G

1 escalope de veau d'environ 100 g
2 rutabagas (environ 200 g)
1 gros panais (environ 100 g)
50 g de céleri-rave
½ bulbe de fenouil (environ 50 g)
2 c. à c. d'échalote finement hachée
1 c. à c. d'huile de tournesol

1. Lavez et épluchez les rutabagas, le panais et le céleri-rave. Lavez le fenouil et ôtez les branches.
2. Coupez les légumes et l'escalope de veau en morceaux.
3. Dans une casserole, faites chauffer l'huile et faites-y dorer l'échalote et le veau sur tous les côtés. Ajoutez les légumes, couvrez à moitié d'eau, couvrez et laissez mijoter à feu moyen pendant 20 minutes. En fin de cuisson, il doit rester environ 3 cuillères à soupe d'eau.
4. Retirez du feu et mixez pour obtenir une purée bien lisse.

accompagnements

Servez ce plat accompagné d'une purée de haricots verts (voir page 48), d'une purée de brocolis (voir page 56) ou d'une purée de petits pois (voir page 44).

petit navarin d'agneau aux légumes verts

10' | 25' | 24h | -18°

POUR 5 PORTIONS DE 100 G

100 g d'épaule ou de gigot d'agneau en petits morceaux
2 navets (environ 100 g)
1 courgette (environ 60 g)
75 g de petits pois
75 g de haricots verts
50 g de fleurettes de brocoli
1 morceau de céleri-rave (environ 30 g)
1 c. à c. d'huile de tournesol

1. Lavez les légumes, épluchez les navets et le céleri-rave et taillez tous les légumes en morceaux.
2. Dans une casserole à fond épais, faites chauffer l'huile et dorez-y les morceaux d'agneau. Ajoutez les navets et le céleri-rave, couvrez à moitié d'eau, couvrez et laissez mijoter pendant 15 minutes. Ajoutez les légumes verts et prolongez la cuisson encore 10 minutes. Vérifiez qu'il reste environ 3 cuillères à soupe d'eau en fin de cuisson.
3. Retirez du feu et mixez pour obtenir une purée lisse.

accompagnement

Servez ce plat accompagné d'une purée de chou-fleur (voir page 54).

ragoût de bœuf à l'italienne

5' | 25' | 24h | -18°

POUR 5 PORTIONS DE 100 G

100 g de viande de bœuf à mijoter (macreuse, collier…)
3 carottes (environ 70 g)
6 grosses tomates (environ 200 g)
2 courgettes (environ 120 g)
1 branche de céleri (environ 20 g)
1 c. à c. d'huile d'olive
½ gousse d'ail
2 c. à s. de concentré de tomates
½ c. à c. de thym

1. Lavez les légumes et épluchez les carottes. Taillez les légumes en dés et coupez la viande en petits morceaux. Hachez l'ail.
2. Dans une casserole à fond épais, faites chauffer l'huile et dorez-y l'ail et la viande. Ajoutez les légumes, le concentré de tomates, le thym et 10 cl d'eau. Couvrez et laissez mijoter pendant 25 minutes.
3. Retirez du feu et mixez pour obtenir une texture lisse.

accompagnements

Servez ce plat accompagné d'une polenta au parmesan (voir page 88), d'une purée douce de panais (voir page 53) ou d'une purée d'avocat (voir page 50).
Ce plat est également délicieux avec des pâtes. Si vous le servez ainsi, ajoutez des légumes verts en plus, type haricots verts.

sole aux courgettes et aux fèves

10' · 15' · 24h · -18°

POUR 5 PORTIONS DE 100 G

3-4 filets de sole (environ 100 g)
2 courgettes (environ 200 g)
150 g de fèves écossées et pelées, surgelées ou fraîches
2 c. à c. d'échalote finement hachée
1 c. à c. d'huile d'olive
½ gousse d'ail écrasée

1. Vérifiez qu'il n'y a aucune arête dans les filets de sole.
2. Lavez et coupez les courgettes en rondelles.
3. Dans une casserole, faites chauffer l'huile et faites-y dorer l'échalote et l'ail. Ajoutez les courgettes et les fèves, couvrez à moitié d'eau et faites cuire environ 8 minutes.
4. Placez les filets de sole sur les légumes, couvrez et poursuivez la cuisson 2-3 minutes.
5. Retirez du feu en vérifiant qu'il reste 2-3 cuillères à soupe d'eau de cuisson au fond de la casserole.
6. Mixez pour obtenir une purée bien lisse.

accompagnements

Servez ce plat avec une purée de patates douces (voir page 52) ou avec une purée de potiron et de pommes (voir page 80).

colin au fenouil et aux raisins blancs

10' 20' 24h -18°

POUR 5 PORTIONS DE 100 G

1 filet de colin d'environ 100 g
1 bulbe de fenouil (environ 150 g)
100 g de raisins blancs, si possible sans pépins (ou 50 g de raisins secs blonds)
2 carottes (environ 50 g)
1 panais ou 2 pommes de terre (environ 60 g)
20 cl de jus d'orange
1 c. à c. d'huile de tournesol

1. Lavez le fenouil, ôtez les branches et coupez-le en fines lamelles. Coupez les raisins blancs en deux pour enlever les pépins. Lavez et épluchez les carottes, le panais ou les pommes de terre, puis taillez-les en dés.
2. Vérifiez que le filet de colin ne contient aucune arête.
3. Dans une casserole à fond épais, faites chauffer l'huile et dorez-y les lamelles de fenouil. Ajoutez les raisins, les carottes et le panais ou les pommes de terre, versez le jus d'orange, couvrez et laissez mijoter pendant 15 minutes.
4. Placez le filet de colin sur les légumes, couvrez et poursuivez la cuisson encore 5-6 minutes.
5. Retirez du feu, vérifiez qu'il reste environ 3 cuillères à soupe de jus de cuisson et mixez pour obtenir une texture bien lisse.

accompagnements

Servez ce plat accompagné d'une purée de carottes à la coriandre (voir page 82) ou d'une purée de patates douces (voir page 52).

saumon aux épinards

Préparation	Cuisson	Réfrigérateur	Congélateur
5'	15'	24h	-18°

POUR 5 PORTIONS DE 100 G

1 filet de saumon d'environ 100 g
500 g d'épinards en branches surgelés
2 cuillères à soupe de crème fraîche
¼ de cube de bouillon aux herbes ou de légumes
1 c. à c. de jus de citron

1. Vérifiez qu'il n'y a aucune arête dans le saumon et coupez-le en petits cubes. Disposez-les dans une assiette et nappez de jus de citron. Laissez reposer.
2. Dans une casserole, couvrez tout juste d'eau les épinards et le ¼ de cube de bouillon. Faites bouillir, puis laissez cuire 10 minutes. Ajoutez le saumon et laissez cuire 5 minutes.
3. Égouttez et remettez la casserole sur le feu. Incorporez la crème fraîche, mélangez bien et faites juste chauffer.
4. Mixez pour obtenir une purée bien lisse.

accompagnements

Servez ce plat avec une purée de pommes de terre à l'ancienne (voir page 86) ou une purée de navets (voir page 84).

mes astuces miam-miam

Ce plat se prépare également très bien avec des poissons blancs comme le cabillaud ou la sole. Pour cela, supprimez le jus de citron qui risque de dominer le goût plus fin du poisson blanc.

thon à la niçoise

15' · 20' · 24h · -18°

POUR 5 PORTIONS DE 100 G

1 steak de thon ultra-frais ou surgelé (environ 100 g)
2 courgettes (environ 120 g)
6 grosses tomates (environ 200 g)
4 tranches d'aubergine (environ 50 g)
½ gousse d'ail
1 c. à s. de concentré de tomates
2 c. à c. d'huile d'olive
½ c. à c. de thym

1. Lavez les légumes et taillez-les en dés.
2. Coupez le thon en cubes et hachez l'ail.
3. Dans une casserole à fond épais, faites chauffer l'huile et dorez-y l'ail et les cubes de thon. Ajoutez les légumes, le concentré de tomates et le thym. Versez 10 cl d'eau et portez à ébullition. Baissez le feu, couvrez et laissez mijoter à feu doux pendant 15 minutes.
4. Retirez du feu et mixez pour obtenir une texture lisse.

accompagnements

Servez avec une semoule fine au thym (voir page 85) ou une polenta au parmesan (voir page 88).

mes astuces miam-miam

Si vous trouvez que l'aubergine a laissé une petite note trop amère, rajoutez tout simplement 1 cuillère à soupe de ketchup pour que le sucre de celui-ci la neutralise.

purée de potiron et de pommes

5'	15'	24h	-18°

POUR 5 PORTIONS DE 100 G

500 g de potiron
2 pommes sucrées-acidulées (elstar, reine des reinettes)
1 belle pomme de terre monalisa
2 gouttes de jus de citron
1 noisette de beurre (10 g)

1. Lavez et épluchez le potiron, les pommes et la pomme de terre, puis taillez-les en cubes.
2. Dans une casserole, couvrez les cubes d'eau, faites bouillir et laissez cuire pendant 15 minutes. Égouttez.
3. Mixez avec la noisette de beurre et le jus de citron pour obtenir une purée bien lisse.

purée de potiron au cumin

10' | 15' | 24h | -18°

POUR 5 PORTIONS DE 100G

une tranche de 750 g de potiron
1 belle pomme de terre monalisa
1 noisette de beurre (10 g)
2-3 gouttes de jus de citron
½ c. à c. de cumin moulu

1. Lavez et épluchez le potiron et la pomme de terre, et taillez-les en cubes.
2. Dans une casserole, couvrez les cubes d'eau, faites bouillir et laissez cuire pendant 15 minutes. Égouttez.
3. Mixez avec la noisette de beurre, le jus de citron et le cumin pour obtenir une purée bien lisse.

purée de carottes à la coriandre

10'	15'	24h	-18°

POUR 5 PORTIONS DE 100 G

8 grosses carottes (environ 500 g)
1 c. à c. d'huile de tournesol
4 feuilles de coriandre fraîche

1. Lavez et épluchez les carottes, puis coupez-les en rondelles.
2. Dans une casserole, couvrez-les d'eau et laissez cuire pendant 15 minutes.
3. Égouttez et mixez les carottes avec l'huile de tournesol et les feuilles de coriandre.

purée de navets

10' | 15' | 24h | -18°

POUR 5 PORTIONS DE 100 G

10 navets (environ 500 g)
1 noisette de beurre (10 g)

1. Lavez et épluchez les navets, puis coupez-les en morceaux.
2. Dans une casserole, couvrez-les d'eau et laissez cuire pendant 15 minutes.
3. Égouttez et mixez les navets avec la noisette de beurre.

semoule fine au thym

1' 10'

POUR 1 PORTION DE 100 G

50 g de semoule fine
5 cl d'eau
1 pincée de thym

1. Faites bouillir l'eau avec le thym.
2. Hors du feu, incorporez la semoule, couvrez et laissez gonfler pendant 5 minutes.
3. Séparez les graines de la semoule avec une fourchette avant de servir.

purée de pommes de terre à l'ancienne

10' 15' 24h -18°

POUR 5 PORTIONS DE 100 G

5 grosses pommes de terre (environ 400 g)
10 cl de lait
1 noisette de beurre (10 g)

1. Lavez et épluchez les pommes de terre et coupez-les en morceaux.
2. Dans une casserole, couvrez-les d'eau et laissez cuire pendant 15 minutes.
3. Égouttez et écrasez-les avec le lait et la noisette de beurre.

Ne mixez jamais les pommes de terre : elles prennent la consistance d'une glue immangeable, due à leur forte teneur en amidon.

mes astuces miam-miam

Je préfère préparer la purée à la minute, mais vous pouvez sans problèmes en faire d'avance et la congeler.

polenta au parmesan

1'   10'

POUR 1 PORTION DE 100 G

50 g de polenta
10 cl de lait
2 c. à s. de parmesan râpé

1. Faites bouillir le lait avec le parmesan.
2. Hors du feu, versez-y la polenta en remuant vivement.
3. Continuez à remuer jusqu'à ce que la polenta soit bien homogène et onctueuse.

les laitages

Je vous propose des douceurs « libres », à choisir en fonction de votre logistique - ce qui se trouve dans votre réfrigérateur - et des envies de votre bébé. Petit-suisse, yaourt, chèvre frais : à vous de créer votre propre dessert, que vous mixerez à l'envi avec les coulis proposés ci-après.
Et interdit de piquer le dessert de Bébé !

le petit-suisse

Contrairement à ce que son nom évoque, le petit-suisse est l'ambassadeur de la Normandie où il est produit, même si son inventeur, employé dans une laiterie normande, était de nationalité helvète. Fabriqué à base de lait de vache caillé et égoutté, le petit-suisse est un fromage frais onctueux enrichi à la crème qui n'a pas été affiné et qui est donc extrêmement digeste. Deux petits-suisses apportent 5 g de protéines et 65 mg de calcium, soit 10 % des apports journaliers recommandés pour un enfant. Ajoutons à cela que le petit-suisse est une source intéressante en vitamines B et A !

le yaourt nature

Fabriqué à partir de lait (de vache, de chèvre, de brebis) pasteurisé, puis fermenté, le yaourt a la particularité d'être très peu calorique (90 calories par pot) mais très riche en protéines, en calcium, en phosphore et en vitamine B2 (croissance, os, yeux) puisqu'il couvre 25 % des besoins quotidiens. Enfin, les probiotiques ajoutés aux yaourts aident à la digestion des fibres, stimulent le système immunitaire et préviennent le traitement de la diarrhée.

le fromage blanc

Fabriqué à partir de lait caillé mais non fermenté, le fromage blanc est très digeste. Sa texture crémeuse et son goût douçeâtre en font l'ami des enfants. Très riche en eau et pauvre en sodium, il est peu calorique mais très riche en protéines, en vitamine D et en calcium.

le petit chèvre frais

Le chèvre frais est tout simplement du lait de chèvre qui, au contact de l'air, a caillé. Comme le lait caillé est très digeste et que le lait de chèvre, moins pourvu en lactose que le lait de vache, est aussi très digeste, le chèvre frais est parfaitement adapté au système digestif fragile des bébés. Ajoutons que le goût particulier du chèvre frais se marie particulièrement bien avec les fruits.

Poids net à l'emballage / Peso neto :
6 x 30g
40 %

coulis de cerises

10' 20' 24h -18°

POUR 5 PORTIONS DE 100 G

600 g de cerises
(les burlats sont extraordinaires pour cette recette)

1. Lavez et dénoyautez les cerises.
2. Mettez-les dans une casserole, écrasez-les légèrement avec la main ou avec une fourchette afin qu'elles rendent un peu de leur jus. Faites cuire à feu très doux pendant 20 minutes. Ajoutez éventuellement un peu d'eau si les fruits n'en contiennent pas assez.
3. Hors du feu, mixez pour obtenir un coulis bien lisse.

coulis de myrtilles

5' 10' 24h -18°

POUR 5 PORTIONS DE 100 G

500 g de myrtilles fraîches ou surgelées

1. Lavez les myrtilles.
2. Mettez-les dans une casserole, écrasez-les légèrement avec une fourchette afin qu'elles donnent un peu de leur jus. Faites cuire à feu très doux pendant 10 minutes. Ajoutez éventuellement un peu d'eau si les fruits n'en contiennent pas assez.
3. Hors du feu, mixez pour obtenir un coulis bien lisse.

mes astuces miam miam

Les taches de myrtilles sont très difficiles à enlever. Le petit bavoir en éponge ne sera pas suffisant pour éviter que Bébé ne détruise pour toujours le joli pull de Mamie. Ne le privez pas pour autant de ce fruit délicieux. Mettez-lui juste un tablier à manches longues et un bavoir récupérateur.
En Suède, le coulis de myrtilles est souvent servi avec des crêpes toutes chaudes !

coulis de framboises et cassonade

5' | 15' | 24h | -18°

POUR 5 PORTIONS DE 100 G

500 g de framboises
(fraîches ou surgelées)
1 c. à s. de cassonade
2 c. à s. d'eau
(sauf si vous utilisez des fruits surgelés)

1. Vérifiez que les framboises sont bien propres et qu'il n'y a aucun petit intrus.
2. Rincez-les à l'eau, mettez-les dans une casserole et écrasez-les légèrement avec une fourchette. Ajoutez la cassonade et l'eau, faites cuire 15 minutes à feu très doux. Rajoutez éventuellement un peu d'eau, si nécessaire.
3. Hors du feu, mixez pour obtenir un coulis bien lisse.

coulis de fraises à la menthe

10' | 20' | 24h | -18°

POUR 5 PORTIONS DE 100 G

500 g de fraises
3 c. à s. d'eau
4 feuilles de menthe fraîche

1. Lavez les fraises soigneusement et ôtez les petites feuilles vertes.
2. Mettez-les dans une casserole et écrasez-les légèrement avec une fourchette afin qu'elles rendent un peu de leur jus. Ajoutez l'eau et faites cuire 15 minutes à feu très doux.
3. Incorporez les feuilles de menthe et prolongez la cuisson 5 minutes. Rajoutez un peu d'eau, si nécessaire.
4. Hors du feu, mixez pour obtenir un coulis bien lisse.

coulis de nectarines

10' | 10' | 24h | -18°

POUR 5 PORTIONS DE 100 G

500 g de nectarines
(soit environ 8-10 fruits)
5 cl d'eau

1. Avec un économe, épluchez les nectarines. Coupez la chair en morceaux et jetez le noyau.
2. Mettez les morceaux de nectarine dans une casserole et écrasez-les légèrement avec une fourchette afin qu'ils rendent un peu de leur jus. Ajoutez l'eau et faites cuire 10 minutes à feu doux. Rajoutez un peu d'eau, si nécessaire.
3. Hors du feu, mixez pour obtenir un coulis bien lisse.

coulis de mangues

10' | 10' | 24h | -18°

POUR 5 PORTIONS DE 100 G

500 g de mangues
(soit environ 3 fruits)
5 cl d'eau

1. Coupez les mangues en deux. Coupez les moitiés en plusieurs demi-lunes et enlevez la peau. Nettoyez bien le noyau pour récupérer le plus de chair possible.
2. Mettez les morceaux de mangue dans une casserole et écrasez-les légèrement avec une fourchette afin qu'ils rendent un peu de leur jus. Ajoutez l'eau et faites cuire 10 minutes à feu doux. Rajoutez un peu d'eau, si nécessaire.
3. Hors du feu, mixez pour obtenir un coulis bien lisse.

les crus, pulpes et mixés

Tous ces fruits peuvent être mixés ou écrasés crus et servis à Bébé. Ils se préparent à la minute car crus ils contiennent trop d'eau pour bien résister à la congélation. Servez-les avec un laitage ou, si Bébé a appris à mastiquer un peu, un gâteau moelleux.
Une fois que Bébé a pris goût aux fruits crus et qu'il a eu ses premières dents, n'hésitez pas à lui servir ces fruits crus coupés en gros morceaux pour qu'il les mange seul avec les doigts.

le melon

Coupez le melon en tranches et ôtez la peau et les graines. Mixez.

la pêche

Coupez la chair autour du noyau et, à l'aide d'un couteau, enlevez la peau. Mixez.

la mangue

Coupez la mangue en deux de chaque côté du noyau. Coupez chaque moitié en plusieurs demi-lunes et enlevez la peau. Nettoyez bien le noyau pour récupérer le plus de chair possible. Mixez.

la pastèque

Coupez des tranches de la pastèque et ôtez la peau et les pépins. Mixez.

la clémentine avec une pointe de cannelle

Épluchez la clémentine et divisez-la en quartiers. À l'aide d'un couteau, ouvrez chaque quartier dans le sens de la longueur et sortez la pulpe de la peau fine. Ôtez les pépins s'il y en a. Écrasez la pulpe avec une fourchette. Ne mixez pas, cela se transformerait en jus ! Mélangez avec une pointe de cannelle.

l'orange avec une goutte de fleur d'oranger

Épluchez l'orange et divisez-la en quartiers. À l'aide d'un couteau, ouvrez chaque quartier dans le sens de la longueur et sortez la pulpe de la peau fine. Ôtez les pépins s'il y en a. Écrasez la pulpe avec une fourchette. Ne mixez pas, cela se transformerait en jus ! Ajoutez une goutte de fleur d'oranger et mélangez bien.

milk-shake la base...

5' | 24h | -18°

POUR 2 PORTIONS DE 15 CL

1 pot de yaourt nature
La même quantité de lait avec...
fraises et une pointe de cassonade
6-8 fraises lavées et équeutées
1 c. à c. de cassonade
mangue et banane
½ mangue dénoyautée et sans la peau
½ banane sans la peau
myrtilles et framboises
2 c. à s. de myrtilles bien lavées
10 framboises bien propres
pêche et jus de pomme
1 pêche, dénoyautée et sans la peau
1 c. à c. de jus de pomme

1. Dans un bol, versez le yaourt et le lait ainsi que les fruits et éventuellement le sucre ou le jus.
2. Mixez bien pour un milk-shake homogène.
3. Si le résultat vous semble trop épais, rajoutez un peu de lait.

LES PREMIERS
dîners
À PARTIR DE 9 MOIS
Charlie, 9 mois,
DÉGUSTATEUR

DOCTEUR JEAN LALAU KERALY

ANCIEN INTERNE DES HÔPITAUX DE PARIS
ANCIEN CHEF DE CLINIQUE – ASSISTANT
ATTACHÉ À L'HÔPITAL ST-VINCENT-DE-PAUL

PÉDIATRIE

NUTRITION ENDOCRINOLOGIE

LES PREMIERS DÎNERS

À 9 mois, votre petit n'est plus un bébé mais pas encore un grand ! Si la liste des aliments autorisés s'élargit, il faut continuer à le nourrir de manière raisonnée, sans pression ni volonté d'aller trop vite. Son organisme est encore fragile et vous aurez tout le loisir de lui faire découvrir la choucroute de Tante Pétra lorsque son estomac et son organisme seront capables de la digérer correctement !

FINI LES SOUPERS EXCLUSIVEMENT LACTÉS

Un élément nouveau et important marque cependant cette entrée dans le 10e mois : l'arrivée de vrais dîners. À cet âge, Bébé découvre de vrais plats à base de légumes et de féculents. Il est encore inutile (et déconseillé) de lui proposer des protéines animales le soir : poisson, œuf ou viande sont donc à exclure puisque Bébé en consomme le midi et qu'une consommation quotidienne est amplement suffisante pour ses besoins physiologiques jusqu'à 3 ans.

BIEN CHOISIR LES ALIMENTS

Le dîner sera donc préparé à base d'aliments plébiscités par les petits : du riz, des pâtes, de la polenta. Ces féculents ont l'avantage de le rassasier convenablement, de manière à ce qu'il passe une bonne nuit de sommeil sans se réveiller, tenaillé par la faim.

DES PETITS MORCEAUX

C'est également à cet âge que votre petit gourmet s'initie aux morceaux. Finies les purées lisses : vous introduisez petit à petit des purées grossièrement hachées, puis écrasées à la fourchette. Ses repas ressemblent de plus en plus aux vôtres !

COMME LES GRANDS

Et maintenant qu'il se tient parfaitement assis et prend plaisir à mâchouiller son croûton de pain, pourquoi ne pas l'inviter à la table familiale ? En l'intégrant naturellement à vos dîners, vous lui apprenez à considérer le repas comme un moment de détente et de partage, un moment de plaisir où il échange avec la famille, où il peut goûter aux plats des grands pourvu qu'ils ne représentent aucun danger (allergiques ou autres).

L'AMBIANCE DU REPAS EST IMPORTANTE

Si votre petit a l'habitude de dîner à la va-vite, avec la télévision à fond et la famille qui s'agite avant l'heure du dîner, gageons que son appétit ou son enthousiasme s'en

MEMBRE D'UNE ASSOCIATION DE GESTION AGRÉÉE ACCEPTANT LE PAIEMENT PAR CHÈQUE À SON NOM

ressentiront. Le plaisir de manger vient du contenu mais aussi de l'atmosphère qui se dégage de ce moment !

PETITS CONSEILS

Si, régulièrement ou occasionnellement, vous ne pouvez assister au dîner de votre enfant, évitez de caler votre entrée fracassante avec son heure de dîner. Vous lui avez tellement manqué durant cette longue journée : son attention sera inévitablement reportée sur vous, délaissant les meilleurs plats de la Terre ! Laissez-le donc dîner tranquillement et rentrez à la maison une fois le dîner achevé. Vous aurez alors tout le loisir de le câliner et de le bichonner, en sachant qu'il s'est correctement nourri. Enfin, veillez à ne pas coucher Bébé immédiatement après son dîner ! Vous aimeriez vous coucher après un bon plat de risotto ? Trop lourd ! Passez donc une petite heure avec Bébé à échanger avec lui, à le cajoler, à préparer en douceur l'heure du coucher. N'oubliez pas de lui proposer son biberon de lait 2e âge (au moins 500 ml de lait par jour), obligatoire au moins jusqu'à 2 ans.

MEMBRE D'UNE ASSOCIATION DE GESTION AGRÉÉE ACCEPTANT LE PAIEMENT PAR CHÈQUE À SON NOM

Recettes à combiner

Pour élargir sa palette gustative, rien ne vaut la di-ver-si-té. Pour cela, les recettes de ce chapitre sont présentées d'une manière différente - originale diront certains - des livres de cuisine habituels, en séparant le plat principal de l'accompagnement pour des « switch » de recettes à l'envi. Bébé découvrira avec délice qu'il peut se régaler d'une Piccata de veau à l'orange... servie selon les saisons et les humeurs du cuisinier avec une purée de panais ou de petits pois. Les recettes des plats principaux sont expliquées pas à pas, et les propositions d'accompagnement sont répertoriées à la fin du chapitre pour une souplesse maximale.

risotto milanais...

5' | 20' | 24h | -18°

POUR 5 PORTIONS DE 100 G

2 c. à c. d'échalote finement hachée
1 c. à s. d'huile d'olive
20 g de riz rond (l'Arborio est parfait)
50 cl d'eau
¼ de cube de bouillon de légumes
10 cl de parmesan râpé
1 c. à s. de crème fraîche

1. Dans une casserole à fond épais, faites chauffer l'huile d'olive, puis faites-y dorer l'échalote.
2. Ajoutez le riz, remuez et laissez cuire quelques minutes jusqu'à ce qu'il soit un peu translucide mais pas coloré.
3. Ajoutez la moitié de l'eau, le ¼ de cube de bouillon, baissez le feu et faites cuire pendant 7 minutes en remuant régulièrement.
4. Ajoutez le reste de l'eau et continuez la cuisson jusqu'à ce que le riz soit cuit et fondant, soit environ 10 minutes.
5. Hors du feu, ajoutez le parmesan et la crème fraîche, puis remuez. Le risotto doit être crémeux et onctueux. Si vous le trouvez trop sec, rajoutez un peu d'eau chaude.

... et concassé de tomates et carottes

10' | 15' | 24h | -18°

POUR 5 PORTIONS DE 100 G

1 c. à c. d'huile d'olive
½ gousse d'ail finement hachée
4 carottes
5-6 grosses tomates
quelques feuilles de basilic

1. Lavez les légumes, épluchez les carottes et coupez-les en fines rondelles. Coupez les tomates en quartiers.
2. Dans une casserole, faites chauffer l'huile d'olive et faites-y dorer l'ail. Ajoutez les légumes, baissez le feu, couvrez et laissez mijoter 10-12 minutes. Ne rajoutez pas d'eau : l'eau des tomates suffit largement si le feu est doux. Ajoutez les feuilles de basilic et prolongez la cuisson quelques minutes.
3. Hors du feu, mixez le concassé pour obtenir une texture entre moulinée et hachée, selon les préférences de votre bébé.
4. Servez, accompagné du risotto milanais (voir page 106).

mes astuces miam-miam

Même si je préfère servir le risotto et le concassé à part pour mieux en apprécier les saveurs, c'est excellent de les mélanger ! Pour amuser Bébé, je vide une tomate cœur-de-bœuf et je sers le risotto dedans. C'est ainsi que Maya a appris à apprécier la tomate fraîche car elle adorait « manger son bol » !

... au potimarron et à la sauge

10' | 15' | 24h | -18°

POUR 5 PORTIONS DE 100 G

1 grosse tranche de potimarron (environ 500 g)
3-4 feuilles de sauge
1 c. à c. d'huile d'olive

1. Ôtez la peau et les graines du potimarron et coupez la chair en petits dés.
2. Sur une plaque couverte de papier d'aluminium, étalez les dés de potimarron et nappez d'huile d'olive.
3. Enfournez à 200 °C, à mi-hauteur, 15 minutes ou jusqu'à ce que le potimarron soit fondant et commence à dorer.
4. Sortez-les du four et écrasez les dés légèrement avec une fourchette. Incorporez le potimarron rôti au risotto milanais (voir page 106) avec les feuilles de sauge finement ciselées.

mes astuces miam-miam

Vous ne trouvez pas de potimarron ? Préférez la carotte plutôt que le potiron car ce dernier contient trop d'eau pour cette recette. Dans ce cas, faites-les cuire à l'eau pendant 15 minutes en petits dés. Quand Maya était plus grande, elle adorait ce risotto avec moitié carottes moitié maïs et beaucoup de sauge !

semoule fine à l'orange…

5' 5'

POUR 1 PORTION DE 100 G

7 cl de jus d'orange
50 g de semoule fine

1. Dans une casserole, portez le jus d'orange à ébullition.
2. Hors du feu, ajoutez la semoule, remuez, couvrez et laissez gonfler 5 minutes.
3. Enlevez le couvercle et aérez la semoule avec une fourchette avant de servir.

mes astuces miam miam

La semoule seule est trop sèche pour votre bébé ? Il a du mal à la déglutir ? Mettez 10 cl de jus d'orange pour l'humidifier plus et incorporez 2 grosses cuillères à soupe de purée de carottes. Si vous la servez ainsi, vous pouvez facilement la congeler et donc préparer plusieurs portions d'avance.

... avec un tajine de légumes

10' 20' 24h -18°

POUR 5 PORTIONS DE 100 G

2 petites courgettes (environ 120 g)
4 carottes (environ 100 g)
6 grosses tomates (environ 200 g)
4 tranches d'aubergine (environ 50 g)
½ gousse d'ail
4 abricots secs
1 c. à s. de concentré de tomates
2 c. à c. d'huile d'olive
1 petite pincée de gingembre moulu
1 petite pincée de cumin
1 petite pincée de coriandre finement hachée

1. Lavez les légumes et taillez-les en dés. Hachez l'ail et les abricots secs.
2. Dans une casserole à fond épais, faites chauffer l'huile et dorez-y l'ail. Ajoutez les épices et les abricots secs. Remuez et laissez cuire 1 minute. Ajoutez les légumes et le concentré de tomates. Versez 10 cl d'eau et portez à ébullition. Baissez le feu, couvrez et laissez mijoter à feu doux pendant 15 minutes.
3. Retirez du feu et mixez pour obtenir une texture lisse.

mes astuces miam-miam

Votre bébé n'est pas habitué aux épices ? Introduisez-les en douceur. La première fois que vous servez ce tajine, remplacez le gingembre par quelques gouttes de citron et mettez juste un soupçon de cumin. Vous augmenterez les quantités d'épices au fur et à mesure que Bébé en prend l'habitude.

… avec une ratatouille

10'	15'	24h	-18°

POUR 5 PORTIONS DE 100 G

3 petites courgettes (environ 180 g)
6 grosses tomates (environ 200 g)
4 tranches d'aubergine (environ 50 g)
2 c. à c. d'échalote finement hachée
½ gousse d'ail hachée
1 c. à s. de concentré de tomates
2 c. à c. d'huile d'olive
1 petite pincée de thym déshydraté

1. Lavez les légumes et taillez-les en dés.
2. Dans une casserole à fond épais, faites chauffer l'huile et dorez-y l'ail et l'échalote. Ajoutez les légumes, le concentré de tomates et le thym. Versez 10 cl d'eau et portez à ébullition. Baissez le feu, couvrez et laissez mijoter à feu doux pendant 15 minutes.
3. Retirez du feu et mixez pour obtenir une texture moulinée.

mes astuces miam-miam

Un petit luxe à s'offrir de temps en temps ? Cette ratatouille est encore meilleure si vous utilisez des tomates cerises à la place des tomates ordinaires. Utilisez-les entières pour qu'elles donnent leur jus à la fin et ne soient pas trop cuites.

petites pâtes au Kiri® et au basilic...

5' 8'

POUR 1 PORTION DE 100 G

100 g de petites pâtes alphabet ou étoiles
1 carré de fromage Kiri®
quelques feuilles de basilic

1. Faites cuire les pâtes selon les instructions sur le paquet avec une micro-pincée de sel.
2. Égouttez et remettez-les dans la casserole.
3. Ajoutez le fromage et les feuilles de basilic finement ciselées, remuez et retirez du feu dès que le fromage a fondu.

mes astuces miam miam

Optez pour les pâtes complètes ou à l'épeautre ! Très intéressantes d'un point de vue nutritionnel, leur goût a une petite note de noisette très agréable. Plus riches en fibres, elles contribuent au bon fonctionnement intestinal.

... avec une sauce primavera

10' 15' 24h -18°

POUR 5 PORTIONS DE 100 G

2 petites courgettes (environ 120 g)
100 g de haricots verts
100 g de petits pois surgelés
100 g de fleurettes de brocoli
2 c. à c. d'échalote finement hachée
2 c. à c. d'huile d'olive
½ cube de bouillon de légumes
3 c. à s. de crème fraîche

1. Lavez les courgettes et les brocolis et coupez-les en petits morceaux. Équeutez les haricots verts et coupez-les en quatre.
2. Dans une casserole à fond épais, faites chauffer l'huile et dorez-y l'échalote. Ajoutez les légumes, couvrez à moitié d'eau, portez à ébullition et rajoutez le ½ cube de bouillon. Baissez le feu, couvrez et laissez cuire 10 minutes à feu moyen.
3. Égouttez en laissant 3 cuillères à soupe d'eau de cuisson. Remettez dans la casserole avec la crème et faites réchauffer.
4. Mixez pour obtenir une texture moulinée.

mes astuces miam miam

J'utilise souvent des légumes surgelés pour faciliter la préparation. Ils sont tous d'excellente qualité chez les distributeurs spécialisés en surgelé. Pour éviter un plat trop riche si cette sauce est servie avec les pâtes au Kiri®, optez pour de la crème fraîche allégée (15 %).

... avec une sauce aux tomates fraîches

5' 20' 24h -18°

POUR 5 PORTIONS DE 100 G

600 g de tomates (ou,mieux, de tomates cerises !)
2 c. à c. d'huile d'olive
½ gousse d'ail finement hachée

1. Lavez les tomates et coupez-les en quartiers.
2. Dans une casserole à fond épais, faites chauffer l'huile et dorez-y l'ail.
3. Ajoutez les tomates, baissez le feu, couvrez et laissez cuire 15-20 minutes à feu moyen, selon la taille des tomates.
4. Retirez du feu et mixez pour obtenir une texture moulinée.

mes astuces miam-miam

Un petit péché, mais, bon, on va dire que le Dr Lalau Keraly ne lit pas cette astuce. Si vous trouvez les tomates trop acides, ajoutez 1 cuillère à soupe de ketchup dans la sauce. Chut !

… avec des épinards à la crème

5' | 10' | 24h | -18°

POUR 5 PORTIONS DE 100 G

500 g d'épinards surgelés (de préférence bio)
2 c. à s. de crème fraîche
½ cube de bouillon de légumes

1. Dans une casserole, couvrez les épinards d'eau, rajoutez le ½ cube de bouillon de légumes, couvrez et portez à ébullition.
2. Baissez le feu, puis laissez cuire à feu moyen pendant 10 minutes. Égouttez : les épinards retiennent beaucoup d'eau. Ajoutez la crème fraîche et remettez la casserole sur le feu le temps de tout réchauffer.
3. Mixez pour obtenir une texture moulinée.

mes astuces miam-miam

Cette recette, servie avec des pâtes, est typiquement scandinave et surprend parfois les parents français. Je vous assure que c'est tout simplement délicieux. Il y a une note acidulée à la fois dans les épinards et dans la crème fraîche qui est merveilleuse avec les pâtes de toutes sortes.

… aux fèves, à la ricotta et au basilic

5' | 15' | 24h | -18°

POUR 5 PORTIONS DE 100 G

400 g de fèves surgelées
½ cube de bouillon de légumes
1 petite courgette
2 c. à s. de ricotta
quelques feuilles de basilic

1. Lavez la courgette et coupez-la en petits morceaux.
2. Dans une casserole, couvrez les fèves d'eau, ajoutez le ½ cube de bouillon de légumes, couvrez et portez à ébullition. Baissez le feu, et laissez cuire à feu moyen pendant 10 minutes. Ajoutez la courgette et prolongez la cuisson encore 5 minutes.
3. Égouttez mais laissez un fond d'eau de cuisson (environ 3 cuillères à soupe). Hors du feu, mixez les légumes avec le reste d'eau, la ricotta et les feuilles de basilic.
4. Pour cette recette, servez les pâtes sans le fromage Kiri® !

mes astuces miam-miam

La ricotta ne se trouve peut-être pas dans chaque petite supérette de France ! Si vous n'en trouvez pas, remplacez ce fromage par un chèvre frais.

étuvée de lentilles vertes et épinards

5' | 30' | 24h | -18°

POUR 5 PORTIONS DE 150 G

200 g de lentilles vertes
½ cube de bouillon de légumes
300 g d'épinards surgelés
(de préférence bio)

1. Rincez les lentilles vertes.
2. Mettez-les dans une casserole et couvrez-les de deux fois leur volume d'eau. Couvrez et laissez cuire à feu moyen pendant 30 minutes ou jusqu'à ce que les lentilles soient fondantes.
3. Pendant ce temps, faites cuire les épinards dans de l'eau avec le ½ cube de bouillon de légumes pendant 10 minutes. Égouttez.
4. Hors du feu, mixez les épinards grossièrement.
5. Égouttez les lentilles et incorporez-les aux épinards. Servez avec du riz basmati ou du pain tartiné au fromage frais.

velouté de potiron et de patates douces à la vanille

10' | 20' | 24h | -18°

POUR 5 PORTIONS DE 200 G

1 tranche de potiron (environ 300 g)
2 grosses patates douces orange
70 cl d'eau
1 cube de bouillon de légumes
2 c. à s. de crème fraîche
2 c. à c. de jus de citron
1 gousse de vanille

1. Ôtez la peau et les graines du potiron. Coupez la chair en dés. Lavez et épluchez les patates douces, puis coupez-les en dés.
2. Mettez les légumes dans une grande casserole, puis ajoutez l'eau et le bouillon. Ouvrez la gousse de vanille dans la longueur et grattez les graines avec un couteau.
3. Mettez la gousse et les graines dans la casserole et portez à ébullition. Couvrez et laissez cuire 20 minutes à feu moyen.
4. Retirez du feu et ôtez la gousse de vanille.
5. Ajoutez la crème et le jus de citron, puis mixez pour obtenir une soupe onctueuse. Si elle est trop épaisse, ajoutez un peu d'eau.

mes astuces miam-miam

Cette soupe est un excellent moyen d'introduire les champignons dans l'alimentation de Bébé : hachez finement quelques champignons de Paris, faites-les revenir dans un peu de beurre et servez-les au milieu de cette soupe légèrement sucrée. Maya adorait !

soupe aux brocolis et au Kiri®

5' | 10' | 24h | -18°

POUR 5 PORTIONS DE 200 G

400 g de fleurettes de brocoli
1 cube de bouillon de légumes
70 cl d'eau
2 c. à c. d'échalote finement hachée
1 c. à c. d'huile d'olive
4 carrés de Kiri®

1. Lavez et coupez les brocolis en morceaux.
2. Dans une casserole à fond épais, faites revenir l'échalote dans l'huile d'olive pendant 1 minute ou jusqu'à ce qu'elle soit translucide. Ajoutez l'eau, le cube de bouillon et les brocolis. Baissez le feu, couvrez et laissez cuire 10 minutes.
3. Hors du feu, ajoutez les carrés de Kiri® et mixez le tout.
4. La soupe doit être onctueuse. Si elle est trop épaisse, ajoutez tout simplement un peu d'eau. Si elle est trop liquide, faites cuire à part quelques fleurettes de brocoli en plus, puis ajoutez-les à la soupe et mixez de nouveau.

À servir avec un peu de pain si Bébé aime !

mes astuces miam-miam

Pour les enfants de plus d'un an, agrémentez cette soupe d'un peu de noix de muscade moulue. Essayez aussi de laisser quelques fleurettes de brocoli entières au milieu de la soupe à croquer à pleines dents !

crème de maïs et tomates

5' | 20' | 24h | -18°

POUR 5 PORTIONS DE 200 G

300 g de graines de maïs surgelées (ou, à défaut, en boîte mais celles-ci sont plus sucrées)
6 grosses tomates
70 cl d'eau
1 cube de bouillon de légumes
2 c. à s. de crème fraîche
4 feuilles de sauge

1. Lavez les tomates et coupez-les en quartiers.
2. Mettez-les avec le maïs et les feuilles de sauge dans une grande casserole, ajoutez l'eau et le bouillon de légumes, puis portez à ébullition. Couvrez et laissez cuire à feu moyen pendant 15 minutes.
3. Retirez du feu, ajoutez la crème fraîche et mixez.
4. La soupe doit être onctueuse. Si elle est trop épaisse, ajoutez tout simplement un peu d'eau. Si elle est trop liquide, rajoutez un peu plus de maïs directement dans la soupe, prolongez la cuisson 5-7 minutes et mixez de nouveau.

mes astuces miam-miam

« Grand-Bébé » appréciera que vous lui laissiez des grains de maïs entiers à croquer dans la soupe !

LES PREMIERS *déjeuners* ET *dîners* DE GRANDS

À PARTIR DE 12 MOIS

Enora, 10 mois,
GOURMANDE

Docteur Jean LALAU KERALY
ANCIEN INTERNE DES HÔPITAUX DE PARIS
ANCIEN CHEF DE CLINIQUE – ASSISTANT
ATTACHÉ À L'HÔPITAL ST-VINCENT-DE-PAUL

PÉDIATRIE

NUTRITION ENDOCRINOLOGIE

LES DÉJEUNERS DES GRANDS, LES DÎNERS DE GRANDS

Un an, déjà ! Votre petit a poussé à la vitesse de l'éclair, notamment grâce aux bons plats que vous lui avez amoureusement préparés. À 12 mois, après des semaines parfois laborieuses d'introduction en douceur de nouveaux aliments, son organisme est capable d'assimiler une nourriture de grand. La liste des « aliments interdits » s'amenuise (sauf évidemment pour les petits à terrain allergique révélé). Bébé peut maintenant s'asseoir à la table familiale et partager le repas de ses parents, frères ou sœurs, avec une texture qui lui est adaptée.

LES PETITES QUENOTTES

En effet, à 12 mois, les bébés ne sont pas tous « égaux » : arborant une dentition de jeune loup, certains sont capables de consommer des morceaux plus ou moins gros. D'autres, en revanche, révèlent un large sourire édenté et sont encore au stade du mouliné, voire du lisse. Pas de panique : chaque bébé doit aller à son rythme. Au fur et à mesure de l'apparition de ses premières quenottes, le passage à une alimentation « avec morceaux » se fera tout naturellement. C'est à vous de vous adapter et de mener progressivement votre petit à apprécier une alimentation avec davantage de texture.

DES MORCEAUX UN PEU PLUS GROS

Enfermer Bébé dans une alimentation trop lisse, c'est en effet le priver de la richesse gustative que confèrent les morceaux de viande, de légumes et de fruits, bien plus consistants en termes de goût. C'est le maintenir dans un stade « bébé » qui nuira, à terme, à son développement psychomoteur et au rapport qu'il entretiendra, plus tard, avec une alimentation normale. Inutile de le presser, au risque de le braquer et de l'apeurer, mais ayez simplement en tête qu'au-delà de 18 mois, il est recommandé de passer à des plats avec des morceaux conséquents.

TENIR LA PETITE CUILLÈRE

C'est d'ailleurs à ce moment que Bébé s'affranchira peu à peu de l'aide de ses parents pour se régaler. Pas facile de manger seul une purée lisse et liquide. En revanche, quel plaisir de saisir soi-même les morceaux de courgettes fondantes et de les porter à la bouche ! C'est l'acquisition de cette autonomie qui est importante à ce stade du développement de votre bambin. Plus il deviendra indépendant, plus vous aurez de chance de gagner votre pari de le mener sur le chemin d'une bonne alimentation. Non seulement il acquiert une

MEMBRE D'UNE ASSOCIATION DE GESTION AGRÉÉE ACCEPTANT LE PAIEMENT PAR CHÈQUE À SON NOM

autonomie qui lui servira dans son développement général, mais il prend sa place dans sa propre alimentation, il en devient acteur et non plus spectateur. Bébé grandit !

MAIS ATTENTION !

Dire que l'alimentation de Bébé ressemble dorénavant à celle de la famille ne veut absolument pas dire qu'il faut le faire tomber dans les travers familiaux ! Selon un sondage TNS Sofres, 50 % des bébés de un an auraient déjà mangé des frites ! Autre constatation : après des mois de vigilance minutieuse durant la diversification alimentaire de leur bébé, les parents auraient tendance à se relâcher dès la première bougie soufflée et à moins s'impliquer dans les plats de leur enfant. Ainsi, les repas de Bébé se calquant sur ceux de la famille, ils auraient tendance à se simplifier, devenant moins variés, moins riches en légumes et fruits, et surchargés en sel et protéines.

UNE ALIMENTATION ÉQUILIBRÉE

Bien évidemment, vous ne ferez pas cette erreur : si Bébé peut maintenant manger « comme vous », c'est le moment de répercuter sur la famille les bonnes habitudes alimentaires que vous avez prises pendant l'initiation au goût de votre petit. Pour résumer : beaucoup de légumes, de fruits, de céréales, d'aromates frais, un peu de protéines, peu de mauvaises graisses et mauvais sucres. Cela ne veut pas dire que vous allez mettre toute la famille au régime ! Au fil de ce livre, vous avez pu constater que bien manger ne rime absolument pas avec nourriture maigre et insipide ! Proposez donc à votre bébé des recettes bien équilibrées, sans trop de protéines (jusqu'à 2 ans, pas plus de 40 g de viande ou poisson par jour) et avec un apport important en calcium et en fer. N'oubliez pas enfin qu'à cet âge, votre Grand n'a plus besoin d'une collation entre son petit déjeuner et son déjeuner – le grignotage entraîne des risques de surpoids infantiles – ni d'un biberon de lait durant sa nuit. Ses repas quotidiens se résument, tout comme les vôtres, à un petit déjeuner constitué de lait (250 ml) et de céréales si Bébé est un glouton. Le déjeuner s'articule autour d'un plat principal avec viande, poisson ou œuf et légumes à volonté et un dessert à base de laitage et de fruits crus ou cuits. Le dîner est, quant à lui, végétarien jusqu'à 3 ans et constitué d'un féculent (riz, pâtes, semoule) et de légumes, pour terminer sur un dessert léger et un biberon de lait (250 ml).

DANS CE CHAPITRE

Vous trouverez donc dans ce chapitre consacré à nos « petits Grands » des recettes salées et sucrées suivant à la fois les recommandations pédiatriques mais aussi les contraintes des parents modernes et les envies de vos gastronomes en herbe qui commencent à avoir leurs préférences en termes de plats. Vous n'allez pas vous en plaindre : c'est vous qui les avez initiés au goût ! Il est maintenant tant pour eux, tout en douceur, de prendre la main sur leurs préférences culinaires. C'est en considérant la nourriture comme une amie, source de plaisir et de découverte, et non de tension et d'obligation, qu'il continuera à voguer sur les chemins du (bon) goût !

MEMBRE D'UNE ASSOCIATION DE GESTION AGRÉÉE ACCEPTANT LE PAIEMENT PAR CHÈQUE À SON NOM

ça mijote !

Initier Bébé à la gastronomie, c'est ne surtout pas faire l'impasse sur ces plats en sauce dont on raffolait enfant, accoudé à la table familiale, attendant avec impatience que la louche fumante de Grand-Maman vienne remplir notre assiette (creuse) désespérément vide. Convenant que les recettes « pures et dures » de nos mamies n'étaient pas toujours totalement adaptées aux besoins des tout-petits, j'ai réajusté le tir, tout en m'inspirant de ce que j'ai pu glaner dans leur incomparable cuisine. Vous trouverez donc dans ces pages des plats mijotés qui font le plein de vitamines et de saveurs, tout en étant idéalement conçus pour les petits dès 1 an. Et, entre nous, si vous voulez multiplier les doses pour en régaler toute la famille, c'est autorisé.

poulet au lait de coco et petits légumes

15' · 15' · 24h · -18°

POUR 5 PORTIONS DE 120 G

100 g de blanc de poulet
2 carottes
1 courgette
100 g de haricots verts
5-6 fleurettes de brocoli
1 gousse d'ail
2 dl de lait de coco
le jus de ½ citron
1 c. à s. d'huile de tournesol
½ c. à c. de gingembre moulu
3-4 feuilles de coriandre fraîche
1 micro-pincée de sel
1 peu de sucre de canne

1. Lavez les légumes. Épluchez les carottes et coupez les carottes et la courgette en rondelles. Équeutez les haricots verts et coupez-les en morceaux. Hachez grossièrement les fleurettes de brocoli. Coupez le blanc de poulet en morceaux.
2. Dans une grande casserole à fond épais, faites chauffer l'huile de tournesol. Faites-y dorer les morceaux de poulet. Ajoutez l'ail haché et le gingembre et continuez la cuisson encore 1 minute, sans trop faire brunir.
3. Ajoutez les légumes, le lait de coco, le jus de citron, le sel, le sucre et 1 dl d'eau. Couvrez et laissez mijoter à feu doux pendant 15 minutes.
4. Hors du feu, ajoutez les feuilles de coriandre ciselées et mixez grossièrement afin d'obtenir un mouliné. Servez avec du riz basmati.

mes astuces miam-miam

Si Bébé n'aime pas le lait de coco, remplacez-le par de la crème fraîche en supprimant le jus de citron.

tajine de poulet aux raisins secs

10'	25'	24h	-18°

POUR 5 PORTIONS DE 120 G

1 cuisse de poulet (environ 220 g)
5 carottes
2 courgettes
2 tomates
1 oignon finement haché
1 c. à s. de raisins secs (blonds de préférence)
1 gousse d'ail finement hachée
2 dl de jus d'orange
1 c. à s. d'huile d'olive
½ c. à c. de gingembre moulu
½ c. à c. de quatre-épices
1 micro-pincée de sel

1. Lavez les légumes. Épluchez les carottes. Coupez-les avec les courgettes en rondelles. Coupez les tomates en quartiers.
2. Dans une casserole, faites chauffer l'huile. Faites-y dorer la cuisse de poulet, côté peau. Ajoutez l'oignon, l'ail et les épices et continuez la cuisson 1 minute, sans trop faire brunir.
3. Ajoutez les légumes, la moitié des raisins, le jus d'orange et 1 dl d'eau. Couvrez et laissez mijoter 15 minutes à feu doux. Mettez le reste des raisins et faites cuire encore 10 minutes.
4. Hors du feu, retirez la cuisse de poulet. Désossez-la et ôtez la peau. Remettez la viande dans la casserole et mixez grossièrement afin d'obtenir une texture moulinée.

accompagnement

Servez ce tajine avec une semoule fine.

tajine d'agneau aux abricots secs

10' | 25' | 24h | -18°

POUR 5 PORTIONS DE 120 G

100 g d'épaule ou de gigot d'agneau
4 carottes
2 courgettes
4 grosses tomates
10 abricots secs
1 c. à s. d'huile d'olive
1 gousse d'ail finement hachée
½ c. à c. de gingembre moulu
½ c. à c. de quatre épices
1 micro-pincée de sel

1. Lavez les légumes et épluchez les carottes. Coupez les carottes et les courgettes en rondelles et les tomates en quartiers. Dégraissez et coupez l'agneau en morceaux.
2. Dans une casserole à fond épais, faites chauffer l'huile d'olive. Faites-y dorer les morceaux d'agneau sur tous les côtés. Rajoutez l'ail et les épices et continuez la cuisson encore 1 minute, sans trop faire brunir.
3. Ajoutez les légumes, la moitié des abricots secs et couvrez à moitié d'eau. Couvrez et laissez mijoter à feu doux pendant 15 minutes. Mettez-y les derniers abricots secs et poursuivez la cuisson encore 10 minutes.
4. Hors du feu, mixez grossièrement afin d'obtenir une texture moulinée.

accompagnement

Servez ce tajine avec une semoule fine, nature ou à l'orange.

boulettes de viande comme en Italie

20' | 25' | 24h | -18°

POUR 5 PORTIONS DE 120 G

Pour les boulettes

100 g de bœuf haché
½ oignon finement haché
1 pomme de terre cuite et écrasée
1 micro-pincée de sel
1 tour du moulin à poivre

Pour la sauce tomate

1 c. à c. d'ail finement haché
2 c. à c. d'huile d'olive
6 grosses tomates
1 c. à s. de concentré de tomates
4 feuilles de basilic ciselées

1. Mélangez le bœuf haché avec l'oignon, la pomme de terre et le sel. Formez des petites boulettes (environ 15) et laissez reposer 10-15 minutes à température ambiante.
2. Lavez les tomates et coupez-les en quartiers.
3. Dans une casserole à fond épais, faites chauffer la moitié de l'huile d'olive. Faites-y dorer l'ail sans faire brunir et rajoutez ensuite les tomates, le concentré de tomates et le basilic. Couvrez et laissez mijoter pendant 10 minutes.
4. Dans une poêle, faites chauffer le reste d'huile d'olive, et placez-y délicatement les boulettes. Faites-les dorer sur tous les côtés afin que les boulettes soient « fermées », c'est-à-dire que vous ne voyiez plus de viande rouge nulle part.
5. Ôtez la sauce tomate du feu et mixez. Mettez-y les boulettes de viande, faites cuire à feu très doux, et laissez mijoter 10 minutes jusqu'à ce que les boulettes soient cuites à cœur.

accompagnement

Servez ces boulettes avec des petites pâtes alphabet parsemées d'un peu de parmesan râpé.

mes astuces miam-miam

C'est vrai, faire les boulettes moi-même, c'est parfois trop long et laborieux. J'utilise souvent des boulettes de viande surgelées. Rien de plus simple que de les faire cuire 10 minutes dans la sauce tomate pour réaliser ce plat savoureux !

bœuf bourguignon spécial bébé

10' | 30' | 24h | -18°

POUR 5 PORTIONS DE 120 G

100 g de viande de bœuf à mijoter
½ oignon finement haché
4 carottes
2 courgettes
4 grosses tomates
2 tranches de bacon ou de jambon sec
1 c. à s. de concentré de tomates
½ c. à c. de thym déshydraté
1 feuille de laurier
1 tour de moulin à poivre
2 c. à c. d'huile d'olive

1. Lavez les légumes et épluchez les carottes. Coupez les carottes et les courgettes en rondelles et les tomates en quartiers. Coupez la viande de bœuf en morceaux.
2. Dans une casserole à fond épais, faites chauffer l'huile d'olive. Faites-y dorer les morceaux de bœuf sur tous les côtés. Ajoutez l'oignon et le bacon et prolongez la cuisson de 1 minute, sans trop faire brunir. Ajoutez les légumes, le concentré de tomates, le thym et le poivre et couvrez à moitié d'eau. Couvrez et laissez mijoter 25 minutes à feu doux.
3. Hors du feu, retirez la feuille de laurier et mixez grossièrement afin d'obtenir une texture moulinée.

accompagnement

Servez avec une purée de pommes de terre à l'ancienne.

mes astuces miam-miam

Pour couronner ce plat et pour le plus grand plaisir de Maya, je le sers avec des marrons caramélisés : dans une poêle, faites fondre une noisette de beurre à feu doux et faites revenir des marrons sous vide avec un peu de sucre de canne. Remuez sans cesse jusqu'à ce que le sucre soit fondu et les marrons bien chauds.

les déjeuners vite faits

Dans nos vies trépidantes de parents suractifs, on ne peut pas toujours passer une demi-heure derrière les fourneaux à mijoter, braiser, émincer, faire réduire des recettes inventives et recherchées. Entre les courses à faire (à transporter et à ranger bien sûr, cela ne se fait pas en un froncement de nez de Sorcière bien-aimée), l'aînée à aller chercher à l'école et à emmener dans la foulée chez le pédiatre, les emplois du temps des ministres font figure de planning de centre de vacances ! Bien obligée de gérer ce manque de temps, j'ai imaginé une poignée de « recettes express », prêtes en un clin d'œil mais toujours aussi délicieuses et remplies de bonnes choses. Inutile de culpabiliser désormais : vous avez sous la main de quoi, une fois de plus, être le parent idéal, en toute occasion. C'est pour qui le Bon Point ?

thon à la niçoise et semoule fine au thym

2' 5'

POUR 1 PORTION

20 g de thon au naturel en boîte
100 g de ratatouille
(que vous avez judicieusement congelée la dernière fois que vous en prépariez pour Bébé, ou que vous avez achetée déjà préparée chez votre distributeur de surgelés préféré)
½ dl de semoule fine
½ c. à c. de thym déshydraté
1 micro-pincée de sel

1. Faites chauffer la ratatouille dans une casserole.
2. Égouttez le thon et écrasez-le avec une fourchette.
3. Mélangez le thon et la ratatouille, baissez le feu et laissez cuire pendant 5 minutes.
4. Pendant ce temps, portez ½ dl d'eau à ébullition. Ajoutez le thym, le sel et la semoule fine. Couvrez et laissez gonfler 5 minutes.
5. Aérez la semoule avec une fourchette et servez-la accompagnée du thon à la niçoise.

mes astuces miam-miam

Ce plat peut également être préparé avec la sauce tomate que vous avez – évidemment – préparée à l'avance et que vous pouvez donc sortir de votre congélateur de BabyCookeuse modèle !

pâtes au jambon blanc et petits pois

2' 7'

POUR 1 PORTION

1 dl de pâtes alphabet
2 c. à s. de crème fraîche
½ dl de petits pois
1 tranche de jambon blanc
1 c. à c. d'échalote finement hachée
1 mini-noisette de beurre

1. Faites cuire les pâtes selon les instructions sur le paquet.
2. Dans une casserole, faites bouillir de l'eau et faites-y cuire les petits pois pendant 5 minutes. Égouttez et remettez-les dans la casserole.
3. Remettez la casserole sur le feu et ajoutez la mini-noisette de beurre, l'échalote et le jambon coupé en petits morceaux. Laissez cuire 1 à 2 minutes en remuant régulièrement.
4. Ajoutez la crème fraîche et portez le tout à ébullition puis enlevez du feu.
5. Égouttez les pâtes. Servez les pâtes nappées de sauce au jambon et petits pois.

mes astuces miam-miam

Pour pouvoir réaliser des recettes comme celle-là encore plus rapidement, je veille à toujours avoir des échalotes émincées (pareil pour l'ail, les oignons…) dans mon congélateur.

poulet aux brocolis et riz basmati

5' 10'

POUR 1 PORTION

20 g de blanc de poulet coupé en petits morceaux
1 c. à c. d'échalote finement hachée
1 c. à c. d'huile d'olive
1 dl d'eau
1 micro-pincée de sel
50 g de petites fleurettes de brocoli
2 c. à s. de crème fraîche
1 c. à s. de parmesan râpé
½ dl de riz basmati

1. Dans une casserole, faites bouillir l'eau avec le riz et une micro-pincée de sel. Couvrez, baissez le feu et laissez cuire 10 minutes.
2. Dans une autre casserole, à fond épais, faites chauffer l'huile, ajoutez l'échalote et laissez cuire 1 minute. Ajoutez les morceaux de poulet et faites-les dorer sur tous les côtés. Versez-y 1 dl d'eau et ajoutez les petites fleurettes de brocoli. Prolongez la cuisson encore 7 minutes, sans couvrir.
3. Versez la crème et le parmesan et laissez mijoter 2-3 minutes. Servez avec le riz.

mes astuces miam-miam

Ce plat peut être préparé avec toutes sortes de viandes blanches : poulet, dinde, veau et même jambon blanc. Par contre, ne remplacez pas le parmesan par un autre fromage plus doux car ce plat a besoin de sa note un peu salée.

je partage avec papa et maman

Ça y est ! Vous voilà toucher du doigt le moment tant attendu par les parents cuisiniers : celui où Bébé pourra manger comme le reste de la famille. À 1 an, il est prêt à franchir le pas. Vous allez enfin pouvoir cesser de diviser votre cerveau en deux – voire trois – anticipant ce que seront les menus du jour de Bébé, Petit Frère, Grande Sœur et Papa. Vous trouverez donc, au fil de ces pages, des recettes convenant aux petits et grands palais ! La différence réside surtout, en fin de préparation, dans la texture des aliments : vous servez aux grands la recette telle quelle, et vous composez sur mesure les aliments de Bébé : tranchés s'il aime les manger en morceaux, hachés s'il préfère des repas plus lisses. Mais avec ces recettes, le partage est de rigueur ! On se régale ensemble, autour de la table familiale, du bon plat cuisiné de Papa ou Maman. Et pour Bébé, faire pleinement partie de ce rituel est un moment précieux dans son apprentissage alimentaire. Bon repas familial !

escalope de dinde au jambon de Parme

10' | 15' | 24h | -18°

POUR 2 PORTIONS D'ADULTES
ET 1 PORTION POUR BÉBÉ

2 escalopes de dinde
2 tranches de jambon de Parme et ½ tranche pour Bébé
2 grosses patates douces jaunes
2 dl de petits pois
1 noisette de beurre

1. Lavez et épluchez les patates douces. Taillez-les en cubes. Faites-les cuire 15 minutes dans une casserole, recouverts d'eau.
2. Coupez pour Bébé une aiguillette dans une des escalopes. Enroulez les escalopes dans le jambon, et l'aiguillette dans la ½ tranche.
3. Mettez les escalopes de Papa et Maman sur une plaque de four couverte de papier cuisson. Enfournez 10 minutes à 200 °C. Ajoutez l'escalope pour Bébé et enfournez encore 5 à 7 minutes.
4. Dans une casserole, couvrez les petits pois d'eau et faites cuire 5 minutes à feu moyen.
5. Égouttez les patates douces. Écrasez-les avec le beurre afin d'obtenir une purée onctueuse.
6. Sortez les escalopes du four. Hachez celle de Bébé grossièrement. Servez avec la purée et les petits pois (mixés pour Bébé s'il ne sait pas encore les croquer !).

mes astuces miam-miam

Faites rôtir les patates douces au four pour plus de saveurs. Mettez les cubes de patates douces sur la plaque de four avec les escalopes. Écrasez-les pour Bébé et agrémentez d'un filet d'huile d'olive et de fleur de sel pour les adultes.

papillote de cabillaud à l'orange

5' 20' 24h -18°

POUR 2 PORTIONS D'ADULTES
ET 1 PORTION POUR BÉBÉ

2 beaux filets de cabillaud et 1 petit (20 g) pour Bébé
1 orange
6 tomates cerises
5 feuilles de coriandre
500 g de fleurettes de brocoli

1. Placez chaque filet de cabillaud sur un grand carré de papier cuisson. Vérifiez qu'il n'y a absolument aucune arête pour Bébé.
2. Lavez les tomates cerises et l'orange et coupez 5 fines rondelles au milieu du fruit.
3. Placez 2 rondelles d'orange et 4 tomates cerises sur chaque filet des grands, et 1 rondelle et 2 tomates cerises sur le filet pour Bébé. Pressez le restant de l'orange, nappez le poisson de jus. Ciselez les feuilles de coriandre et rajoutez-les aux papillotes avant de les fermer. Mettez les papillotes de Papa et Maman au four à 180 °C pendant 20 minutes. À mi-cuisson, enfournez la papillote de Bébé.
4. Lavez le brocoli. Faites-le cuire 10 minutes dans l'eau. Égouttez et mixez-le pour Bébé.
5. Sortez les papillotes du four. Servez-les ouvertes pour Papa et Maman. Pour Bébé, ôtez le papier et servez le poisson dans son assiette accompagné de la purée de brocolis.

mes astuces miam-miam

Pour un plat plus consistant, servez avec une purée de pommes de terre à l'ancienne (voir recette page 86).

saumon au four avec fèves au citron et basilic

5' 15'

POUR 2 PORTIONS D'ADULTES
ET 1 PORTION POUR BÉBÉ

2 pavés de saumon et 1 petit morceau de 20 g pour Bébé
200 g de fèves surgelées (qui ont l'avantage d'être déjà écossées et pelées)
le jus de 1 citron
6 feuilles de basilic ciselées
1 micro-pincée de sel

1. Préchauffez le four à 200 °C. Placez les pavés de saumon pour Papa et Maman sur une plaque allant au four recouverte de papier cuisson. Saupoudrez quelques grains de sel. Enfournez et laissez cuire 15 minutes. À mi-cuisson, ajoutez le mini-pavé pour Bébé.
2. Dans une casserole, portez de l'eau à ébullition et plongez-y les fèves. Laissez cuire 7-10 minutes à feu moyen. Égouttez. Ajoutez le jus de citron et les feuilles de basilic.
3. Sortez les pavés de saumon du four, laissez tiédir et servez avec les fèves au citron et basilic (éventuellement mixées pour Bébé).

mes astuces miam-miam

Ce plat peut être accompagné d'une purée de carottes (voir recette page 42).

parmentier de deux poissons et petits légumes à la noix de muscade

10' 20'

POUR 2 PORTIONS D'ADULTES
ET 1 PORTION POUR BÉBÉ

200 g de filet de saumon
150 g de filet de cabillaud
150 g de petits pois
100 g de haricots verts
1 dl de crème fraîche
2 c. à c. de jus de citron
4 feuilles de basilic
5 pommes de terre
2 c. à s. de lait
1 noisette de beurre
1 micro-pincée de sel
1 pincée de noix de muscade moulue

1. Lavez, épluchez et coupez les pommes de terre en dés. Faites cuire 15 minutes à l'eau.
2. Équeutez les haricots verts. Mettez-les avec les petits pois dans une casserole, couvrez d'eau, portez à ébullition et faites cuire juste 3-4 minutes. Égouttez et hachez-les grossièrement à l'aide d'un couteau.
3. Coupez les filets de poisson en morceaux. Vérifiez bien qu'il n'y a aucune arête.
4. Disposez-les dans un plat à bord haut allant au four. Couvrez de légumes verts. Nappez de crème fraîche mélangée avec le jus de citron et les feuilles de basilic ciselées.
5. Égouttez les pommes de terre et écrasez-les avec le beurre, le lait, le sel et la muscade. Couvrez le plat de la purée et enfournez 20 minutes à mi-hauteur.
6. Au moment de servir, écrasez si Bébé n'a pas encore l'habitude des gros morceaux.

galettes de carottes-courgettes-lentilles

10' | 20' | 24h | -18°

POUR 5 PORTIONS DE 200 G

Pour les galettes

4 grosses carottes
2 courgettes
3 dl de lentilles corail
10 cl de jus d'orange
½ cube de bouillon de légumes
1 c. à c. d'huile d'olive
½ c. à c. de cumin moulu

Pour la sauce (1 portion)

1 yaourt nature
4 feuilles de coriandre fraîche

1. Lavez et épluchez les carottes, puis coupez-les en rondelles. Dans une casserole, mettez-les avec le jus d'orange, le cumin, le bouillon et couvrez tout juste d'eau. Portez à ébullition et laissez cuire 5 minutes. Ajoutez les lentilles, prolongez la cuisson de 10 minutes.
2. Lavez les courgettes et râpez-les. En toute fin de cuisson, ajoutez-les dans la casserole. Égouttez et mixez grossièrement.
3. Formez des petites galettes d'environ 50 g (3 cm de diamètre et 1 cm d'épaisseur). Posez-les sur du papier absorbant.
4. Dans une poêle, chauffez l'huile. Faites revenir les galettes 3 à 5 minutes de chaque côté. Laissez tiédir sur du papier absorbant.
5. Ciselez les feuilles de coriandre et mélangez-les au yaourt.
6. Servez les galettes (4 par portion) avec la sauce au yaourt. Laissez Bébé les manger avec les doigts et les tremper dans la sauce.

Je mange tout seul !

Vous y êtes : dans cette phase que tout parent connaît tôt ou tard, celle de la « néophobie ». Nulle maladie à l'horizon : il s'agit simplement de cette période honnie (et normale) où votre petit en vient à détester les mets dont jadis il raffolait ! C'est aussi le moment où Bébé veut « faire tout, tout seul, comme un grand », en premier lieu manger. J'ai donc imaginé ces drôles de mini-galettes qui cachent de belles quantités de légumes et de céréales, idéal lorsque votre petit gourmet grimace devant ses ex-brocolis préférés. C'est aussi une belle manière de laisser votre petit acquérir son autonomie en croquant, trempant, roulant seul ses galettes du soir. Après ça, les légumes redeviendront son plat préféré. On prend les paris ?

galettes de maïs-carottes-comté

10' | 20' | 24h | -18°

POUR 5 PORTIONS DE 200 G
(SOIT 20 PETITES GALETTES)

Pour les galettes

3 grosses carottes (environ 400 g)
200 g de graines de maïs
2 dl de comté râpé
½ cube de bouillon de légumes
½ c. à c. de paprika
1 c. à c. d'huile d'olive

Pour la purée d'avocat (1 portion)

½ avocat bien mûr
quelques gouttes de jus de citron

1. Lavez et épluchez les carottes, puis coupez-les en rondelles. Mettez-les dans une casserole avec le bouillon et couvrez tout juste d'eau. Portez à ébullition et laissez cuire 10 minutes. Ajoutez le maïs et poursuivez la cuisson de 5-7 minutes.
2. Égouttez les légumes. Ajoutez le fromage et le paprika et mélangez jusqu'à ce que le fromage commence à fondre. Mixez grossièrement afin d'obtenir une purée moulinée.
3. Formez des petites galettes d'environ 50 g chacune (3 cm de diamètre et 1 cm d'épaisseur). Déposez-les sur du papier absorbant afin qu'elles ne soient pas trop humides.
4. Dans une poêle antiadhésive, faites chauffer l'huile d'olive. Faites-y revenir les galettes 3 à 5 minutes de chaque côté. Remettez-les sur du papier absorbant, puis laissez tiédir.
5. Écrasez la chair de l'avocat dans un bol avec le jus de citron.
6. Servez les galettes (environ 4 par portion) accompagnées de la purée d'avocat. Laissez Bébé manger les galettes avec les doigts et les tremper dans la purée.

galettes aux légumes oubliés

10' 20' 24h -18°

POUR 5 PORTIONS DE 200 G
(SOIT 20 PETITES GALETTES)

Pour les galettes

1 rutabaga
1 panais
1 tranche de céleri-rave de 100 g
2 pommes de terre
½ cube de bouillon de légumes
1 c. à c. d'huile d'olive

Pour le coulis de tomates et pommes

6 grosses tomates (environ 300 g)
5 pommes sucrées type golden ou belle de Boskoop (environ 350 g)

1. Coupez les tomates et les pommes en morceaux et mettez-les dans une casserole. Portez à ébullition, couvrez et laissez mijoter à feu doux 15 minutes. Retirez du feu, puis mixez pour obtenir un coulis onctueux.
2. Lavez les légumes oubliés, les pommes de terre et le céleri, épluchez-les et coupez-les en morceaux. Mettez-les dans une casserole avec le bouillon, couvrez tout juste d'eau. Portez à ébullition et laissez cuire 15 minutes. Égouttez. Mixez grossièrement afin d'obtenir une texture moulinée.
3. Formez des petites galettes d'environ 50 g chacune (3 cm de diamètre et 1 cm d'épaisseur). Déposez-les sur du papier absorbant afin qu'elles ne soient pas trop humides.
4. Dans une poêle antiadhésive, faites chauffer l'huile d'olive. Faites-y revenir les galettes pendant 3 à 5 minutes de chaque côté. Déposez-les sur du papier absorbant et laissez tiédir.
5. Servez les galettes (environ 4 par portion) accompagnées du coulis présenté dans un petit bol. Laissez Bébé manger les galettes avec les doigts et les tremper dans le coulis.

galettes brocolis-fèves-parmesan

5' 20' 24h -18°

POUR 5 PORTIONS DE 200 G
(SOIT 20 PETITES GALETTES)

400 g de brocolis
400 g de fèves épluchées surgelées
1 dl de parmesan râpé
½ cube de bouillon de légumes
4 feuilles de basilic
1 c. à c. d'huile d'olive

Pour la sauce tomate
600 g de tomates
2 c. à c. d'huile d'olive
½ gousse d'ail finement hachée

1. Lavez les tomates et coupez-les en quartiers.
2. Dans une casserole à fond épais, faites chauffer l'huile et dorez-y l'ail. Ajoutez les tomates, baissez à feu moyen, couvrez, laissez cuire 15-20 minutes. Ôtez du feu et mixez.
3. Lavez les brocolis et coupez-les en petits morceaux. Mettez-les dans une casserole avec les fèves et le bouillon, couvrez tout juste d'eau. Portez à ébullition, puis laissez cuire 10 minutes. Égouttez. Mélangez les légumes, le parmesan et le basilic. Puis mixez bien pour obtenir une purée lisse et libérer l'amidon des fèves qui amalgament les galettes.
4. Formez des galettes d'environ 50 g (3 cm de diamètre et 1 cm d'épaisseur). Laissez-les sécher sur du papier absorbant. Dans une poêle, faites chauffer l'huile. Faites revenir les galettes 3-5 minutes de chaque côté. Laissez tiédir sur du papier absorbant.
5. Servez les galettes (4 par portion) avec la sauce tomate. Laissez Bébé les manger avec les doigts et les tremper dans la sauce.

bâtonnets de polenta, confit de tomates et poivrons rouges

10' 30' 24h -18°

POUR 5 PORTIONS DE 100 G
(LA POLENTA SE PRÉPARE MINUTE)

Pour la polenta (1 portion)

50 g de polenta
10 cl de lait
20 g de parmesan

Pour le confit (5 portions)

5 tomates en grappe ou 20 tomates cerises
2 poivrons rouges
1 c. à s. d'huile d'olive

1. Préchauffez le four à 150 °C. Lavez les tomates et les poivrons. Ouvrez les poivrons et ôtez les pépins. Coupez-les en lamelles et les tomates en quartiers. Déposez les légumes sur une plaque de four couverte de papier cuisson. Nappez d'huile d'olive. Enfournez à mi-hauteur et laissez confire 30 minutes.
2. Sortez du four et laissez tiédir. Mixez ou hachez grossièrement selon les goûts de Bébé.
3. Dans une casserole, faites bouillir le lait. Hors du feu, incorporez la polenta et le parmesan en remuant vivement jusqu'à l'obtention d'une purée onctueuse. Versez la polenta dans une assiette en formant un carré de 1 cm d'épaisseur. Laissez tiédir, puis coupez la polenta en bâtonnets.
4. Servez les bâtonnets avec les tomates et les poivrons confits. Congelez le reste des légumes confits dans des petites boîtes hermétiques.

Oh les pâtes, plat favori des enfants

Aaaaah, les pâtes, incontournables objets d'amour et d'envie des grands et des petits ! Vous pensiez que ce livre de baby-recettes, défenseur du bien manger et antimalbouffe, en ferait l'impasse ? Bien sûr que non ! Je vais vous livrer un secret : les pâtes sont une source incroyable de bienfaits et participent à une bonne alimentation. Le tout est de ne pas en abuser et de savoir les accommoder : quoi de plus bénéfique pour la santé qu'une sauce tomate-basilic faite maison ? Ajoutez à cela que ce plat express, à préparer à la minute, est idéal en cas de soirée coup de feu et que les petits prennent plaisir à le manger seuls. Vous voilà convaincu(e) du dîner de ce soir !

petits tortellinis, ricotta et légumes verts

5' 10'

POUR 1 PORTION DE 230 G

100 g de tortellinis
¼ de courgette
40 g de petits pois surgelés
20 g de haricots verts coupés en petits morceaux
1 c. à c. d'échalote finement hachée
1 c. à c. d'huile d'olive
1 c. à c. de basilic ciselé
2 c. à s. de ricotta

1. Lavez la courgette. Coupez-la en fines rondelles, puis chaque rondelle en quatre.
2. Dans une casserole à fond épais, faites bouillir de l'eau et plongez-y les morceaux de courgette, les petits pois et les haricots verts. Laissez cuire 5-7 minutes, puis égouttez.
3. Faites chauffer l'huile d'olive dans la même casserole et ajoutez-y l'échalote. Faites cuire 1 minute, puis remettez les légumes. Prolongez la cuisson de quelques minutes.
4. Ajoutez le basilic et la ricotta et réservez.
5. Faites cuire les tortellinis selon les instructions sur le paquet.
6. Égouttez, puis mélangez-les avec les légumes verts à la ricotta. Servez tiède !

mes astuces miam-miam

Pour varier, transformez ce plat en lasagnes : au fond d'un plat allant au four, mettez une couche de feuilles de lasagne fraîches, puis les légumes à la ricotta, puis alternez jusqu'à ce que le plat soit rempli. Terminez avec une feuille de lasagne. Couvrez d'un mélange de ricotta et de parmesan et enfournez 25 minutes à 180 °C.

torsades aux légumes du soleil et basilic

5' 10'

POUR 1 PORTION DE 230 G

60 g de torsades
3 tomates cerises
3 cm de courgette
¼ de poivron rouge
1 c. à s. d'huile d'olive
1 c. à c. d'ail finement haché
3-4 feuilles de basilic finement ciselées

1. Lavez les légumes. Coupez les tomates cerises en deux, la courgette en rondelles puis en quatre et le poivron en petits morceaux.
2. Dans une casserole à fond épais, faites chauffer l'huile d'olive et ajoutez-y l'ail haché. Faites cuire 1 minute, puis ajoutez les légumes et le basilic. Prolongez la cuisson de 10 minutes à feu moyen.
3. Faites cuire les torsades selon les instructions sur le paquet. Égouttez, puis mélangez-les avec les légumes du soleil.

À manger en fermant les yeux et en rêvant d'un soir d'été en Provence !

rotelles aux tomates cerises

5' 10'

POUR 1 PORTION DE 230 G

60 g de rotelles
6 tomates cerises
½ boule de mozzarella coupée en petits cubes
1 c. à s. d'huile d'olive
1 c. à c. d'ail finement haché
3-4 feuilles de basilic finement ciselées

1. Lavez les tomates cerises et coupez-les en deux.
2. Dans une casserole à fond épais, faites chauffer l'huile d'olive et ajoutez-y l'ail haché. Faites cuire 1 minute, puis ajoutez les tomates cerises et prolongez la cuisson encore de 5 minutes à feu moyen. Hors du feu, ajoutez la mozzarella, remettez sur le feu et laissez jusqu'à ce que la mozzarella commence tout juste à fondre.
3. Faites cuire les rotelles selon les instructions sur le paquet.
4. Égouttez, puis mélangez-les avec les tomates cerises à la mozzarella et parsemez de basilic ciselé.

Celui qui trouve le bout du fil de la mozzarella a gagné !

farfalles aux brocolis et au parmesan

5' 10'

POUR 1 PORTION DE 230 G

60 g de farfalles
100 g de fleurettes de brocoli
1 c. à c. d'échalote finement hachée
1 c. à s. d'huile d'olive
2 c. à s. de parmesan

1. Lavez les fleurettes de brocoli et coupez-les en petits morceaux. Dans une casserole, faites bouillir de l'eau, plongez-y les brocolis et laissez cuire 5 à 7 minutes. Égouttez.
2. Faites chauffer l'huile d'olive dans la même casserole et ajoutez-y l'échalote. Faites cuire 1 minute, puis remettez les fleurettes de brocoli. Prolongez la cuisson de quelques minutes. Hors du feu, ajoutez le parmesan, réchauffez et mettez de côté.
3. Faites cuire les farfalles selon les instructions sur le paquet.
4. Égouttez, puis mélangez-les avec les brocolis au parmesan.

mes astuces miam-miam

Cette recette est simple et se prépare avec presque tous les légumes verts. Pour une touche de finesse, ajoutez 1 cuillère à café de zeste de citron râpé, 1 cuillère à soupe de jus de citron et quelques feuilles de sauge. De quoi impressionner Belle-Maman passée à l'improviste le dimanche soir.

pennes aux pois croquants et pesto doux

5' 10'

POUR 1 PORTION DE 230 G

60 g de pennes
100 g de pois croquants ou de mange-tout coupés en petits morceaux
1 c. à s. d'huile d'olive
¼ de gousse d'ail
5-6 feuilles de basilic
1 c. à s. de pignons de pin
1 c. à s. de parmesan râpé

1. Dans un robot ou dans le bol d'un mixeur, mettez l'huile d'olive, l'ail, le basilic, les pignons de pin et le parmesan, puis mixez pour obtenir un pesto homogène.
2. Dans une casserole, faites bouillir de l'eau et faites-y cuire les pois croquants pendant 7 à 10 minutes.
3. Faites cuire les penne selon les instructions sur le paquet.
4. Égouttez, puis mélangez-les avec les pois croquants et le pesto doux.

C'est un plat que ma fille trouve très drôle car elle trouvait que les pennes étaient comme faits sur mesure pour ses petits doigts !

Un petit tour du monde !

Votre bébé est devenu au fil de vos bons petits plats un fin gourmet en quête de plaisirs gustatifs toujours plus intenses. Il est curieux de tout et s'ouvre de plus en plus au monde qui l'entoure. Et si c'était le moment de l'ouvrir au monde des saveurs d'ici et d'ailleurs ? De lui faire découvrir l'Autre par le biais de ses papilles ? J'ai voulu prouver qu'on pouvait proposer de vraies baby-recettes inspirées de traditions culinaires étrangères, parfaitement adaptées aux besoins des tout-petits et aux recommandations pédiatriques. L'éveil au goût ne doit pas être restreint mais tourné vers la diversité. Bébé s'en trouvera enrichi et vous aussi par la même occasion. Embarquement immédiat pour un voyage gastronomique multiescale !

dhal de lentilles corail au lait de coco

10' 20' 24h -18°

POUR 5 PORTIONS DE 200 G
(SE CONSERVENT SÉPARÉMENT)

Pour le dhal
3 dl de lentilles corail
5 tomates
4 carottes
25 cl de lait de coco
½ c. à c. d'ail haché menu
1 c. à s. d'huile de tournesol
1 c. à s. de concentré de tomates
½ cube de bouillon de légumes
1 c. à c. de curcuma
½ c. à c. de cumin
½ c. à c. de gingembre moulu

Pour le boulgour
200 g de boulgour
5 feuilles de coriandre ciselées

1. Lavez les carottes et les tomates. Épluchez les carottes et coupez-les en fines rondelles. Coupez les tomates en petits morceaux.
2. Dans une casserole, couvrez les lentilles corail d'eau et portez à ébullition. Laissez cuire 10 minutes à feu moyen, puis égouttez.
3. Dans une casserole, faites bouillir 40 cl d'eau et le boulgour, baissez le feu et laissez cuire 10 minutes : l'eau doit être complètement absorbée. Laissez reposer hors du feu.
4. Dans une sauteuse, faites chauffer l'huile et ajoutez l'ail. Laissez dorer 1 minute, puis ajoutez les carottes et les tomates. Saupoudrez d'épices, ajoutez le concentré de tomates et remuez bien. Versez le lait de coco, baissez le feu et laissez mijoter 10 minutes sans couvrir.
5. Mixez afin d'obtenir un mouliné. Ajoutez les lentilles et remuez. Servez le dhal avec le boulgour agrémenté de coriandre ciselée.

paella toute jaune aux légumes

10' 20' 24h -18°

POUR 5 PORTIONS DE 200 G

1 carotte
1 poivron rouge
1 poivron vert
50 g de haricots verts
50 g de petits pois
100 g de graines de maïs
2 dl de riz basmati
1 c. à c. d'échalote finement hachée
1 g de safran
½ c. à c. de paprika
1 c. à c. d'huile d'olive
1 mini-pincée de sel

1. Lavez les légumes. Épluchez la carotte et hachez-la finement. Ôtez les pépins des poivrons, hachez-les finement. Coupez les haricots verts en petits morceaux.
2. Dans une casserole à fond épais, faites chauffer l'huile d'olive et ajoutez-y l'échalote, les épices, le sel et le riz. Faites cuire 1 à 2 minutes jusqu'à ce que le riz soit translucide.
3. Ajoutez les légumes hachés, les petits pois et le maïs. Versez 40 cl d'eau, couvrez et laissez cuire 15 minutes à feu doux, ou jusqu'à ce que l'eau soit complètement absorbée.
4. Servez cette paella aux légumes éventuellement avec une sauce froide au yaourt : mélangez tout simplement un pot de yaourt avec un peu de cumin et une petite cuillère de ketchup.

sauté de légumes verts et nouilles soba

10' 12' 24h -18°

POUR 5 PORTIONS DE 200 G

150 g de haricots verts
150 g de petits pois
150 g de fleurettes de brocoli
50 g de vert de blette ou de pousses d'épinard frais
200 g de nouilles japonaises
1 c. à s. d'huile de tournesol
½ c. à c. d'ail finement haché
1 c. à s. de miel liquide
1 c. à s. de sauce soja
1 c. à s. de jus de citron
4-5 feuilles de coriandre

1. Lavez les légumes et coupez-les en petits morceaux. Dans une casserole, portez de l'eau à ébullition et plongez-y les nouilles cassées en petits morceaux, les petits pois, les haricots verts et les fleurettes de brocoli pendant 3 à 4 minutes ou jusqu'à ce que les nouilles soient cuites al dente. Égouttez et mettez de côté.
2. Dans une sauteuse, faites chauffer l'huile de tournesol et ajoutez-y l'ail. Faites dorer pendant 1 minute, puis ajoutez les nouilles et les légumes. Faites cuire en remuant régulièrement pendant 5 minutes.
3. Versez-y le miel, la sauce soja, le jus de citron, les verts de blette ou les pousses d'épinard et la cordiandre, puis prolongez la cuisson de 2 minutes. Servez tiède dans l'assiette préférée de Bébé.

curry tout doux de légumes et riz thaï

10' | 10' | 24h | -18°

POUR 5 PORTIONS DE 200 G
(SE CONSERVENT SÉPARÉMENT)

1 grosse patate douce
2 carottes
1 tranche de 150 g de potiron
½ poivron jaune
25 cl de lait de coco
½ c. à c. d'ail
1 c. à c. d'huile de tournesol
½ c. à c. de gingembre moulu
1 c. à c. de jus de citron vert
1 c. à c. de cassonade
4-5 feuilles de coriandre
1 mini-pincée de sel
2 dl de riz thaï

1. Lavez les légumes, épluchez-les et coupez-les en petits morceaux. Dans une casserole, portez de l'eau à ébullition et plongez-y les légumes 5 minutes. Égouttez et mettez de côté.
2. Dans une casserole à fond épais, faites chauffer l'huile et ajoutez l'ail. Faites dorer 1 minute, puis ajoutez les légumes, le lait de coco, le jus de citron, la coriandre, le sel, la cassonade et les épices. Couvrez et laissez mijoter 10 minutes.
3. Pendant ce temps, faites cuire le riz selon les instructions sur le paquet.
4. Servez le curry de légumes avec le riz thaï.

mes astuces miam-miam

Vous pouvez varier les légumes dans cette recette. Optez pour des légumes fermes ou des racines.

LES DOUCEURS
des grands
POUR TOUS LES ENFANTS
DE 1 À 99 ANS
Élisa, 20 mois
GOÛTEUSE OFFICIELLE

les muesli-crumbles

Ça croque et craque au-dessus, ça fond en dessous : outre leur apport bienfaisant en céréales variées et en fruits frais gorgés de vitamines, fibres et minéraux, ces muesli-crumbles sont à eux seuls de véritables mines d'explorations gustatives pour les petits. De plaisir aussi ! Puisque ces « douceurs de grands » se prêtent à être mangés seul : Bébé picore les morceaux de crumble craquants et enfourne avec ses petits doigts les morceaux de fruits fondants dans sa bouche.
Je les prépare dans des moules à muffin jetables ; en papier pour pouvoir les réchauffer dans le micro-ondes ou en aluminium pour les déguster froids en pique-nique. Un petit luxe ? Ajoutez une bonne boule de glace vanille en accompagnement et gare à ce que personne ne le lui chipe !

muesli-crumble framboises et menthe

5' | 15' | 24h | -18°

POUR 6 OU 12 PIÈCES

12 gros moules à muffin en papier ou 6 en aluminium
500 g de framboises
6 feuilles de menthe fraîche
3 dl de muesli croustillant aux fruits secs
1 c. à s. de sucre
25 g de beurre
1 c. à c. de miel liquide

1. Placez les framboises au fond des moules et saupoudrez de sucre. Ciselez finement les feuilles de menthe et parsemez-les sur les framboises.
2. Couvrez les fruits de muesli croustillant et surmontez de quelques copeaux de beurre et de 1 goutte ou 2 de miel liquide.
3. Enfournez à mi-hauteur à 210 °C pour 15 minutes. Veillez à ce que les crumbles ne brunissent pas trop : couvrez au besoin avec une feuille d'aluminium en fin de cuisson.
4. Sortez les mini-crumbles du four et laissez refroidir. Servez tiède ou emballez-les une fois froids dans un sac congélation, puis conservez-les au congélateur.

mes astuces miam-miam

Vous pouvez aussi bien faire cette recette avec des fraises ou des myrtilles, en saison. Pour un dessert rapide, sans cuisson, faites des verrines de crumble avec des fruits au fond, puis du fromage blanc, le miel et enfin le muesli croustillant. Rapide, beau et surtout bon !

muesli-crumble mirabelles et chocolat

5' 15' 24h -18°

POUR 6 OU 12 PIÈCES

12 gros moules à muffin en papier ou 6 en aluminium
12-15 mirabelles
3 dl de muesli croustillant aux pépites de chocolat
1 c. à s. de sucre
25 g de beurre
1 c. à c. de miel liquide

1. Lavez et dénoyautez les mirabelles, coupez-les en quartiers. Placez-les au fond des moules et parsemez de sucre.
2. Couvrez les fruits de muesli croustillant aux pépites de chocolat et déposez quelques copeaux de beurre et 1 à 2 gouttes de miel liquide.
3. Enfournez à mi-hauteur à 210 °C pour 15 minutes. Veillez à ce que les crumbles ne brunissent pas trop : couvrez au besoin avec une feuille d'aluminium en fin de cuisson.
4. Sortez les mini-crumbles du four et laissez refroidir. Servez tiède ou emballez-les une fois froids dans un sac congélation, puis conservez-les au congélateur.

mes astuces miam-miam

Vous ne trouvez pas de muesli aux pépites de chocolat ? Ce n'est pas grave. Si toutefois vous ne voulez pas faire l'impasse sur le chocolat, prenez simplement quelques carrés de chocolat, hachez-les finement et ajoutez ces copeaux au muesli.

muesli-crumble bananes et mangues

5' | 15' | 24h | -18°

POUR 6 OU 12 PIÈCES

12 gros moules à muffin en papier ou 6 en aluminium
12 tranches de mangue surgelée sans la peau
2 bananes
3 dl de muesli aux raisins secs
25 g de beurre
1 c. à c. de miel liquide

1. Épluchez les bananes et coupez-les en rondelles.
2. Placez les tranches de mangue surgelées au fond des moules et ajoutez les rondelles de banane par-dessus.
3. Mélangez le muesli avec le beurre, émiettez-le sur les fruits, puis versez quelques gouttes de miel liquide.
4. Enfournez à mi-hauteur à 210 °C pour 15 minutes. Veillez à ce que les crumbles ne brunissent pas trop : couvrez au besoin avec une feuille d'aluminium en fin de cuisson.
5. Sortez les mini-crumbles du four et laissez refroidir. Servez tiède ou emballez-les une fois froids dans un sac congélation, puis conservez-les au congélateur.

mes astuces miam-miam

Ce crumble exotique se prépare aussi bien avec de l'ananas ou des litchis à la place de la mangue.

brochettes melon-pêche

5'

POUR 2 BROCHETTES

2 tranches de melon de Cavaillon
(environ 100 g)
1 pêche jaune

1. Ôtez la peau et les pépins du melon et coupez la chair en petits cubes.
2. Lavez et dénoyautez la pêche, puis coupez-la en petits morceaux.
3. Sur des brochettes en bois, alternez des cubes de melon avec des morceaux de pêche.
4. Avant de les servir à Bébé, coupez le côté piquant de la brochette avec une paire de ciseaux.

brochettes fraise-framboise

5'

POUR 2 BROCHETTES

10 fraises
10 grosses framboises

1. Lavez les fraises, ôtez les feuilles et coupez-les en deux.
2. Vérifiez que les framboises sont bien propres.
3. Sur des brochettes en bois, alternez des fraises avec des framboises.
4. Avant de les servir à Bébé, coupez le côté piquant de la brochette avec une paire de ciseaux.

brochettes mangue-banane

5'

POUR 2 BROCHETTES

½ mangue
1 banane

1. À l'aide d'un couteau, quadrillez la chair de la demi-mangue, sans percer la peau. Poussez le fond de la mangue, côté peau vers côté chair, puis longez la peau avec le couteau pour la séparer de la chair.
2. Épluchez la banane et coupez-la en rondelles.
3. Sur des brochettes en bois, alternez cubes et rondelles. Coupez le bout pointu de la brochette avec une paire de ciseaux.

brochettes raisin-clémentine

5'

POUR 2 BROCHETTES

10 raisins blancs sans pépins
(souvent originaires du Chili)
1 clémentine

1. Lavez les raisins et coupez-les en deux s'ils sont très gros.
2. Épluchez la clémentine et retirez le plus possible de fils blancs.
3. Sur des brochettes en bois, alternez raisins blancs et quartiers de clémentine, puis coupez le bout pointu de la brochette à l'aide d'une paire de ciseaux.

gâteau au citron et au yaourt

10' 45' 24h -18°

POUR UN GÂTEAU

1 dl de yaourt nature
200 g de sucre
2 œufs
3 dl de farine (avec levure incorporée)
50 g de beurre fondu
1 micro-pincée de sel
1 sachet de sucre vanillé
le jus de 1 citron

1. Préchauffez le four à 180 °C.
2. Mélangez le yaourt avec le sucre et le sucre vanillé. Cassez les œufs et incorporez-les au yaourt en fouettant vivement.
3. Ajoutez le beurre et le sel, mélangez, puis versez petit à petit la farine en remuant afin d'obtenir une pâte lisse. Enfin, incorporez le jus de citron.
4. Versez la pâte dans un moule en silicone ou dans un moule classique beurré. Enfournez et laissez cuire 45 minutes.
5. Vérifiez que le gâteau est cuit en enfonçant un couteau au centre : s'il ressort sec, le gâteau est prêt ! Laissez reposer quelques minutes avant de démouler. Servez tiède avec une brochette de fruits !

mes astuces miam-miam

Variez ce gâteau en remplaçant le jus de citron par 3 cuillères à soupe de chocolat en poudre, le jus de ½ orange ou 1 dl de framboises surgelées.

les mini-muffins de Maya

10' 15' 24h -18°

POUR 20 MINI-MUFFINS

20 petits moules à muffin en papier
4 œufs
250 g de sucre
3 dl de farine
1 sachet de levure chimique
6 c. à s. d'eau
1 sachet de sucre vanillé

1. Préchauffez le four à 175 °C.
2. Cassez les œufs dans un bol et ajoutez le sucre et le sucre vanillé. Fouettez vivement.
3. Ajoutez l'eau et continuez à fouetter. Versez la levure, puis la farine peu à peu, en remuant.
4. Placez les moules à muffin sur une plaque et remplissez-les de pâte à moitié. Enfournez à mi-hauteur pour 15 minutes.
5. Vérifiez que les mini-muffins sont prêts en enfonçant un couteau au centre : s'il ressort sec, les muffins sont prêts !
6. Sortez-les du four et laissez-les tiédir sur une grille avant de les servir accompagnés de brochettes de fruits.

mes astuces miam-miam

Vous pouvez transformer ces mini-muffins en « financiers light » en ajoutant ½ dl de poudre d'amandes. Très, très bon, mais conseillé uniquement aux bébés de plus de 1 an et sans terrain allergique dans la famille.

cookies aux flocons d'avoine

10' 10' 24h -18°

POUR 16-20 COOKIES

3 dl de flocons d'avoine
100 g de beurre
150 g de sucre roux ou cassonade
1,5 dl de raisins secs
5 c. à s. d'eau
2 dl de farine

1. Faites fondre le beurre.
2. Dans un bol, mettez les flocons d'avoine, puis versez le beurre fondu par-dessus. Mélangez.
3. Ajoutez le sucre et les raisins secs, puis incorporez peu à peu la farine. Ajoutez l'eau et mélangez afin d'obtenir une pâte bien ferme.
4. Formez des petites boules et placez-les, espacées de 5 cm, sur une plaque recouverte de papier sulfurisé. Aplatissez-les légèrement et enfournez à mi-hauteur pour 10 minutes.
5. Sortez les cookies du four et laissez-les refroidir sur une grille avant de les servir accompagnés de brochettes de fruits.

mes astuces miam-miam

Envie d'un péché ? Remplacez les raisins secs par des pépites de chocolat... Chut, on ne dit rien au Dr Lalau Keraly !

les cachettes de fruits

Parce qu'il n'y a pas de plus belle satisfaction qu'un petit enfant qui prend un plaisir immense devant son assiette, j'ai imaginé ces « cachettes de fruits » qui m'ont valu les hip hip hip de mes enfants et de leurs copains. Tout l'intérêt de ces douceurs de fruits réside bien entendu dans leur côté ludique. Évidemment, ces « cachettes » renferment une forte teneur en bienfaits avec tous ces fruits frais qui permettent de faire le plein de vitamines, minéraux et fibres. Mais en cette phase d'exploration où Bébé s'amuse de voir apparaître, puis réapparaître les objets de son entourage, voir son assiette devenir une aire de jeux de cache-cache est un plaisir sans pareil pour lui ! Et s'il peut, en prime, tenir ces petits chaussons fruités seul dans ses mains de gastronome averti, c'est un pas de plus dans l'apprentissage de l'autonomie. Tout bon qu'on vous dit !

recette de base

5' | 3' | 24h | -18°

POUR 1 CACHETTE DE FRUITS
(SE CONSERVE QUELQUES HEURES
DANS UN SACHET EN PLASTIQUE)

2 tranches de pain complet
ou aux céréales à toaster
1 noisette de beurre
1 des 4 garnitures de la page suivante

1. Beurrez les tranches de pain sur un côté.
2. Mettez la garniture de fruits (voir recettes page suivante) sur le côté beurré d'une des tranches et couvrez avec l'autre tranche, côté beurré vers les fruits.
3. Placez la cachette dans le fer à croque-monsieur, fermez et laissez cuire le temps indiqué sur le fer (environ 3 minutes).
4. Sortez la cachette du fer et laissez tiédir avant de la couper en deux sur la diagonale.
5. Laissez Bébé manger ses cachettes tout seul comme un grand, à la maison, en pique-nique, en voyage... Le plus pratique goûter qu'il soit !

mes astuces miam-miam

Pour emmener vos cachettes préférées en pique-nique, laissez-les bien refroidir avant de les envelopper dans du papier d'aluminium. Ne les coupez pas en deux pour que les fruits ne s'enfuient pas !

garniture pomme-banane

5' | 3' | 24h | -18°

½ pomme
½ banane

1. Lavez la pomme, coupez-la en deux et ôtez les pépins. Râpez la demi-pomme et pressez la chair entre les mains afin de sortir un peu de jus qui risquerait de mouiller nos cachettes.
2. Épluchez la banane et coupez-la en rondelles.
3. Placez la pomme râpée avec les rondelles de banane sur une tranche de pain beurrée, couvrez de l'autre tranche de pain et faites cuire selon la recette de base.

garniture mangue-litchi

5' | 3' | 24h | -18°

4 tranches de mangue
3 litchis dénoyautés

1. Placez les litchis sur du papier absorbant quelques minutes afin qu'ils donnent un peu de leur jus et qu'ils ne mouillent pas trop la cachette.
2. Placez les tranches de mangue, puis les litchis sur une tranche de pain beurrée, couvrez de l'autre tranche de pain et faites cuire selon la recette de base.

garniture poire-vanille

⏲	🍲	❄ frigo	❄
5'	3'	24h	-18°

½ poire
1 gousse de vanille

1. Coupez la poire en deux et ôtez les pépins. Conservez une moitié sous film alimentaire au frais. Coupez l'autre moitié en fines tranches.
2. Ouvrez la gousse de vanille dans le sens de la longueur. À l'aide d'un couteau, grattez les graines.
3. Placez les tranches de poire et les graines de vanille sur une tranche de pain beurrée, couvrez de l'autre tranche de pain et faites cuire selon la recette de base.

garniture figue au miel

⏲	🍲	❄ frigo	❄
5'	3'	24h	-18°

1 figue bien mûre
1 c. à c. de miel

1. Coupez la figue en deux et récupérez toute la chair rouge. Jetez la peau.
2. Étalez la chair de la figue sur une tranche de pain beurrée, ajoutez le miel, couvrez de l'autre tranche de pain et faites cuire selon la recette de base.

le premier anniversaire

Aappffffuuuu ! Parmi une nuée de postillons, Bébé souffle déjà sa première bougie.
Avec ses premières dents, ses premiers mots et ses premiers pas, c'est un moment merveilleux. Et ce n'est pas parce que Bibou n'a que 12 petits mois d'existence qu'il doit se cantonner à sa compote pomme-banane habituelle ! À 1 an, vous avez la possibilité de lui proposer une vraie douceur d'anniversaire, un brin exceptionnel, un brin péché mignon, un brin junk-food. Parce qu'une fois de temps en temps, c'est bon de régresser en famille ! Voici donc ma sélection préférée de gâteaux d'anniversaire so sweet pour « Grands Bébés Gastronomes » ! Ils ont fait la joie des goûters d'anniversaire de ma fille, de mes neveux et nièces… et de leurs parents respectifs. Gare aux barbouillages tous azimuts !

gâteau d'anniversaire de ma grand-mère

10' 45'

POUR 1 GÂTEAU (8-10 PARTS)
MONTAGE À LA MINUTE

Pour la génoise
4 œufs
250 g de sucre
3 dl de farine
1 sachet de levure chimique
1 sachet de sucre vanillé
6 c. à s. d'eau

Pour la garniture
40 cl de crème fluide entière
500 g de framboises
6 c. à s. de confiture de framboises ou de fraises
1 sachet de sucre vanillé
2 gousses de vanille

1. Préchauffez le four à 175 °C. Cassez les œufs dans un bol et ajoutez les sucres. Fouettez vivement. Ajoutez l'eau et continuez à fouetter. Versez la levure, puis la farine peu à peu, en remuant. Versez la pâte dans un moule rond (en silicone ou beurré). Enfournez à mi-hauteur pour 45 minutes. Vérifiez que la génoise est cuite en enfonçant un couteau au centre : s'il ressort sec, elle est prête ! Laissez refroidir dans le moule, puis sur une grille.
2. Coupez les gousses de vanille dans leur longueur. À l'aide d'un couteau, grattez les graines à l'intérieur des gousses.
3. Dans un bol, versez la crème, le sucre vanillé et les graines de vanille. Fouettez vivement afin de monter la crème en chantilly. Une fois la chantilly bien ferme, laissez-la reposer 30 minutes au frais.
4. Lorsque la génoise est bien refroidie, coupez-la en trois dans l'épaisseur pour faire trois disques d'environ 1 cm d'épaisseur.
5. Prenez le disque supérieur, un peu bombé, retournez-le sur une grande assiette, côté cuit vers le bas. Étalez 2 cuillères à soupe de confiture dessus, une couche de chantilly à la vanille, puis ⅓ des framboises. Posez dessus un disque de génoise et répétez l'opération. Terminez par la génoise.
6. Recouvrez le gâteau de crème Chantilly et décorez avec des framboises et LA bougie. Laissez reposer 1 heure avant de servir.

bonbons de fruits secs en robe de chocolat

15' 5'

POUR 20 BONBONS

100 g de chocolat au lait
10 abricots secs
1 dl de raisins secs
4 pruneaux
20 petits moules en papier de 2 cm de diamètre environ

1. Placez les petits moules sur un plateau.
2. Hachez les fruits secs.
3. Placez le chocolat dans un récipient en métal et posez celui-ci sur une casserole remplie d'eau. Portez l'eau à ébullition et laissez fondre le chocolat en remuant doucement de temps en temps.
4. Une fois le chocolat fondu, ajoutez les fruits secs. Mélangez bien afin que tous les fruits soient recouverts de chocolat.
5. À l'aide de deux cuillères à café, disposez un peu de fruits secs au chocolat dans chaque moule.
6. Placez immédiatement le plateau au réfrigérateur et laissez reposer pendant 2 heures. Servez !

sucettes de fruits frais au caramel

10' 5'

POUR 20 SUCETTES

20 brochettes en bois
20 fraises
3 pommes sucrées-acidulées
(royal gala, pink lady)
250 g de sucre
15 cl d'eau

1. Lavez et équeutez les fraises. Lavez les pommes, ôtez les pépins et coupez-les en dés. Sur les brochettes en bois, mettez une fraise et deux dés de pomme. Coupez le bout piquant de la brochette avec des ciseaux.
2. Sortez maintenant tous les enfants de la cuisine. Vous allez préparer le caramel et c'est très, très chaud ! Dans une casserole, versez le sucre et l'eau. Portez à ébullition, sans remuer. Lorsque le sucre commence à se colorer, remuez délicatement. Dès que le caramel prend une couleur dorée, retirez la casserole du feu et plongez-en le fond dans un bain d'eau froide pour arrêter la caramélisation.
3. Plongez les brochettes de fruits aussitôt une à une dans le caramel. Laissez-les refroidir et durcir sur du papier sulfurisé. Servez !

mes astuces miam-miam

Vous pouvez faire des sucettes avec tous les fruits fermes et un peu acidulés comme le melon, la nectarine ou l'abricot.

roulé aux framboises

10' · 8' · 24h

POUR UN ROULÉ DE 10 PARTS

3 œufs
200 g de sucre
2 dl de farine
5 cl de lait
2 c. à c. de levure chimique
500 g de framboises écrasées

1. Préchauffez le four à 200 °C.
2. Cassez les œufs dans un bol et ajoutez le sucre. Fouettez vivement, de préférence avec un fouet électrique, jusqu'à ce que la préparation soit bien aérée.
3. En remuant, ajoutez la levure chimique et la farine. Versez le lait et fouettez doucement afin d'obtenir une pâte lisse et homogène.
4. Versez la pâte dans un plat carré (30 x 40 cm environ) recouvert de papier sulfurisé. Faites cuire 8 minutes au four, à mi-hauteur.
5. Sortez la génoise du four et placez-la sur du papier sulfurisé sur votre plan de travail. Étalez les framboises écrasées dessus et roulez à partir du côté court. Placez le rouleau 1 heure au frais avec le bord vers le bas.
6. Coupez-le en tranches de 2 cm. Servez !

mes astuces miam-miam

Pas de fruits frais ? Vous pouvez remplacer les framboises par une compote épaisse.

LES ANNEXES

F.A.Q

ET

nutri-zoom

DOCTEUR JEAN LALAU KERALY
ANCIEN INTERNE DES HÔPITAUX DE PARIS
ANCIEN CHEF DE CLINIQUE – ASSISTANT
ATTACHÉ À L'HÔPITAL ST-VINCENT-DE-PAUL

PÉDIATRIE

NUTRITION ENDOCRINOLOGIE

LES FRUITS

J'ai tendance à éplucher tous les fruits. Est-ce une bonne chose pour mon bébé ?
N'oublions pas que les vitamines et les minéraux présents dans les fruits sont particulièrement concentrés dans et sous leur peau. Les éplucher avec un couteau, en entamant largement la chair, c'est se priver de 25 % de leurs bienfaits. Préférez des produits bio ou sans traitement après récolte car les pesticides restent sur la peau. Dans tous les cas, n'oubliez pas de laver minutieusement le fruit avant de le consommer. Et si la peau ne vous séduit décidément pas, pelez les fruits et légumes en les grattant avec un couteau bien aiguisé afin de n'enlever qu'une très fine pellicule de peau.

Les compotes crues conviennent-elles à mon Bébé ?
Il faut éviter de donner des fruits crus tout au début de la diversification car ils sont moins faciles à digérer que leur version cuite. En revanche, dès que Bébé s'est bien installé dans l'alimentation (vers 5-6 mois), les fruits crus, bien mûrs, regorgent de bienfaits tant nutritionnels que sensoriels. Tenir dans sa menotte des lamelles de pêche ou de melon juteux pour les sucer, téter, croquer à l'envi, quel pas de géant dans l'apprentissage du plaisir de manger !

Donner un fruit le soir, est-ce vraiment une bonne idée ?
Vous faites sans doute allusion au fait qu'il est déconseillé de donner aux enfants du glucose le soir car c'est un excitant peu compatible avec le coucher. Sachez que le sucre des fruits (le fructose) n'a absolument pas les mêmes inconvénients du glucose que l'on trouve dans les sucreries. C'est même un stimulant de la digestion. Parfait pour se préparer à une bonne nuit de sommeil.

Mixer des fruits frais avec des laitages, n'est-ce pas trop difficile à digérer pour Bébé ?
Vous faites sans doute référence à l'idée que le lait et les fruits crus sont tous deux assez lourds à digérer : l'association des deux est donc osée pour un petit. Nulle inquiétude : d'une part, vous pouvez utiliser le lait spécialement adapté à votre petit. Ensuite, les fruits crus mixés sont parfaitement digestes pour un petit, dès 6 mois.

La compote d'abricots peut-elle donner mal au ventre à Bébé ?
L'abricot est légèrement acidulé mais s'il est acheté bien mûr, aucune raison d'avoir peur pour votre petit. L'abricot est l'un des premiers fruits à être introduit dans l'alimentation infantile, justement parce qu'il est très doux. Son acidité stimule les sécrétions gastriques, facilitant ainsi la digestion. Et ses fibres douces sont particulièrement bien tolérées par les petits intestins fragiles.

Quel est l'intérêt nutritionnelde l'abricot sec pour Bébé ?
Les abricots secs – comme tous les fruits secs – sont concentrés en fibres, oligoéléments et acides gras. Ils contiennent cinq fois plus de glucides que les fruits frais, ce qui fait d'eux un excellent booster pour les petits coups de pompe. D'autant que ces « énergisants », riches en bêta-carotène, potassium et fer, possèdent des vertus antioxydantes et antianémiques.

Les fruits exotiques sont-ils allergènes ?
Vive les fruits exotiques ! Contrairement à ce qui

MEMBRE D'UNE ASSOCIATION DE GESTION AGRÉÉE ACCEPTANT LE PAIEMENT PAR CHÈQUE À SON NOM

a été dit durant de très nombreuses années, de récentes études ont démontré qu'ils ne revêtent pas plus de risque d'allergie que les autres fruits. Et ils ont l'avantage d'être présents sur les étals alors que l'offre en fruits d'hiver est très limitée. Outre leur apport vitaminique intéressant, parfois même supérieur aux fruits traditionnels, ils permettent de proposer des mariages de saveurs sucrées-salées, idéales pour initier les petits à des recettes inconnues !

Une compote mangues-bananes n'est-ce pas un peu trop exotique pour un bébé ?
Exotique, oui, mais de quel point de vue ? Pour un petit Martiniquais, c'est plutôt une compote pommes-poires qui serait exotique ! La mangue et la banane sont d'excellents premiers fruits de diversification qui ne sont pas plus allergènes que les fruits classiques. L'ananas, en revanche, n'est peut-être pas à proposer à votre tout-petit en première compote. Non pour le risque allergique mais pour des raisons de texture.

La cerise est-elle bien adaptée à un tout petit bébé ?
La cerise n'est pas un fruit rouge, c'est-à-dire une baie, mais un fruit provenant d'un arbre, le cerisier. Ce détail devrait rassurer les mamans pour qui les fruits rouges ont encore mauvaise presse. Mais je le rappelle : les récentes études ont révélé que les fruits rouges n'avaient pas plus de pouvoir allergène que les fruits classiques.

Je suis allergique aux framboises : dois-je éviter d'en donner à mon bébé ?
On confond souvent allergie à un aliment et intolérance. Très peu de personnes sont allergiques à un aliment, dont la consommation entraîne dans les 30 minutes une grosse réaction comme des difficultés respiratoires, un gonflement, des vomissements. On peut être intolérant à un moment donné de sa vie à un aliment, puis ne plus jamais avoir de problème par la suite. L'inverse est vrai d'ailleurs. Les framboises sont des histamino-libérateurs. On a tous de l'histamine dans le corps. Certains aliments, seuls ou combinés lors d'un repas, peuvent déclencher une poussée d'histamine, responsable des plaques rouges par exemple. Mais il ne s'agit en aucun cas d'une allergie avérée… Qui plus est pour votre bébé ! Introduisez simplement ce nouvel aliment en douceur. Si vous constatez que Bébé l'assimile bien, pas de raison de l'en priver !

La myrtille peut-elle être allergène ?
La myrtille est un fruit rouge et, à ce titre, souffre de la mauvaise réputation d'être allergène. Sauf en cas de terrain allergique favorable, de nombreuses études ont révélé que la consommation de fruits rouges n'est pas plus allergène que la consommation de fruits classiques pour les bébés. Vous pouvez donc proposer sans crainte de la myrtille. Veillez simplement à introduire ce fruit en douceur.

J'ai entendu dire que les fraises sont difficiles à nettoyer. Peut-on quand même en donner à Bébé ?
Effectivement, la peau de la fraise étant pourvue de petites graines qui accrochent les impuretés, il est difficile de bien la nettoyer. C'est pour cette raison qu'elle est déconseillée aux femmes enceintes non immunisées contre la toxoplasmose. Mais nulle inquiétude : la recette utilise les fraises cuites. Pas de risque de contamination pour Bébé.

LES LÉGUMES

Doit-on toujours éplucher les légumes pour Bébé ?
Il est tout à fait possible d'éplucher les légumes mais il faut savoir une chose : la plupart des vitamines présentes dans les légumes sont concentrées dans la peau et juste en dessous. Ôter grossièrement la peau, c'est se priver d'une grande partie de leurs bienfaits, ce qui serait dommage. Si votre bébé n'aime pas la peau, vous pouvez soit mixer plus finement la préparation, soit gratter les légumes avec un couteau bien aiguisé pour n'enlever que la peau superflue et perdre ainsi le moins de vitamines possible.

DOCTEUR JEAN LALAU KERALY
ANCIEN INTERNE DES HÔPITAUX DE PARIS
ANCIEN CHEF DE CLINIQUE – ASSISTANT
ATTACHÉ À L'HÔPITAL ST-VINCENT-DE-PAUL

PÉDIATRIE

NUTRITION ENDOCRINOLOGIE

N'est-ce pas mieux de cuire les légumes à la vapeur ?
Privilégiez la cuisson des légumes verts dans une casserole avec un peu d'eau. Non seulement ce mode de préparation est plus rapide que l'alternative vapeur ou bouillon, mais cela permet d'incorporer l'eau de cuisson restante dans la purée. L'intérêt ? Les vitamines qui se sont dissoutes dans l'eau de cuisson se retrouvent dans la purée ! Et Bébé peut se régaler d'une préparation gorgée de vitamines, minéraux et oligo-éléments.

J'ai entendu dire que certains légumes contiennent des nitrates. Vrai ou faux ?
Oui et non. Les légumes ayant une teneur haute en nitrates sont les légumes « à feuilles » tels que l'endive, la mâche, les épinards. Ceux à teneur faible sont les tomates, les champignons, les pois. Les haricots verts viennent s'insérer entre les deux. En règle générale, pour la préparation des purées, privilégiez les légumes du marché ou « AB », souvent moins riches en nitrates. Je précise cependant qu'il faut garder la raison concernant les nitrates. Les nitrates en eux-mêmes ne sont pas dangereux pour la santé. Ce sont les nitrites (nitrates transformés) qui le sont. Or, il est quasiment impossible d'être contaminé par des légumes « nitratés ». Par contre, le danger réside dans une purée de légumes qui a passé plus de 24 heures au réfrigérateur ; les nitrates ont alors eu le temps de muter. Pour les nourrissons de moins de 12 mois, les préparations à base de légumes doivent donc être consommées immédiatement ou congelées dès refroidissement !

Dans des petits pots classiques, il y a toujours beaucoup de pommes de terre. Bébé, peut-il vraiment aimer les purées « pures » ?
Vous soulevez ici un point important : l'adjonction systématique de pommes de terre dans les purées infantiles industrielles. Si la pomme de terre est délicieuse en purée avec une touche de beurre, il ne faut pas oublier que ce n'est pas un légume mais un féculent et, à ce titre, moins bien pourvu en vitamines et surtout doté d'un taux élevé en glucides. Ajoutons que sa saveur neutre n'enrichit nullement la palette gustative des petits. Si les industriels l'utilisent à haute dose dans leur préparation, c'est d'une part pour affadir le goût de certains légumes savoureux, participant à l'homogénéité gustative ambiante, et surtout parce que son utilisation s'avère moins onéreuse que celle des « vrais » légumes. Proposer à votre bébé une purée « pure » est donc, au contraire, bienfaisant pour son organisme et son éveil gustatif !

Quels sont les avantages du panais ?
Effectivement, peu de gens connaissent ce légume oublié qui a eu son heure de gloire sous l'Antiquité et au Moyen Âge. Issu de la même famille botanique que la carotte, le panais était utilisé comme un aliment de base, surtout dans les pays du Nord-Est de l'Europe. Il y est d'ailleurs toujours très apprécié et consommé, eu égard à ses qualités nutritionnelles. Contrairement à la carotte, le panais est riche en fibres et a un effet positif sur la constipation. Enfin, le panais cuit beaucoup plus vite que la carotte : détail important quand Bébé crie famine !

MEMBRE D'UNE ASSOCIATION DE GESTION AGRÉÉE ACCEPTANT LE PAIEMENT PAR CHÈQUE À SON NOM

La patate douce n'est-elle pas un légume trop exotique, donc allergène, pour bébé ?
Si en France, la patate douce est encore très peu utilisée, dans d'autres pays industrialisés, elle fait fureur ! Contrairement à sa cousine la pomme de terre, elle est très peu calorique, possède de grandes qualités nutritionnelles et se cuisine tout aussi facilement. Enfin, son petit goût sucré en fait un aliment rassurant et plaisant pour les papilles novices. Étant un tubercule, elle ne revêt aucun risque d'allergie pour les bébés, même fragile ou à terrain favorable.

Des légumes oubliés, pourquoi pas ? Mais pourquoi pas simplement une bonne purée de pommes de terre ?
S'il ne faut pas écarter totalement la pomme de terre de l'alimentation infantile, il faut garder à l'esprit qu'elle est bien moins intéressante nutritionnellement parlant que les autres légumes. Notre environnement actuel privilégie assez les « faux » légumes (des féculents) comme le riz, les pommes de terre, les pâtes. Notre rôle – et le vôtre en tant que parent , c'est d'habituer votre bébé à manger de « vrais » légumes, en purée, puis en morceaux. Sans parler de l'intérêt gustatif que revêt le rutabaga ou le céleri comparé à la saveur plutôt neutre de la pomme de terre !

On ne sert pas souvent de potimarron aux bébés. Pourquoi ?
Il est vrai que le potimarron n'a pas autant de succès en France que son cousin le potiron, malgré de belles propriétés nutritionnelles et un petit goût agréable de purée de châtaignes. Tout d'abord de par sa richesse en vitamines. Il contient des vitamines A, C, D et E ainsi que de nombreux oligo-éléments comme le phosphore, le magnésium, le potassium, le fer. Il contient également des acides gras insaturés et une teneur élevée en carotène (deux fois plus que la carotte) qui fait de lui le champion des peaux… de bébé !

Les petits pois peuvent-ils lui donner mal au ventre ?
Oui et non. Dans les premiers temps de la diversification alimentaire, le tube digestif de Bébé n'est pas encore assez mature pour supporter des légumes fibreux et ou à fermentation comme le petit pois, le chou, ou les salsifis. Mais il s'agit juste d'une question de temps ! Une fois la diversification achevée (vers 6-7 mois), la consommation de petits pois n'est plus un problème pour les intestins des bébés.

Le chou-fleur donne-t-il mal au ventre ?
Ce n'est pas le chou-fleur mais le soufre – oligoélément aux propriétés antibactériennes et désintoxicantes – qu'il contient qui rend ce délicieux légume parfois difficile à digérer. Pour éviter les ballonnements, prenez l'habitude de changer l'eau en cours de cuisson (le soufre sera alors jeté avec la première eau), et incorporez à la préparation quelques graines de cumin ou de fenouil qui combattent efficacement les ballonnements.

J'ai entendu dire que le poivron était déconseillé aux bébés ? Qu'en est-il réellement ?
La mauvaise réputation du poivron concernant les bébés vient du fait qu'il est fort indigeste consommé cru et avec la peau. Mais ces inconvénients disparaissent une fois qu'il est cuit, pelé et épépiné. Vu ses bienfaits, on aurait tort d'en priver les bébés, dès lors qu'ils sont bien installés dans la diversification alimentaire, vers 8-9 mois.

La tomate est-elle plus intéressante – nutritionnellement parlant – cuite que crue ?
Cuite ou crue, la tomate renferme de nombreux bienfaits, notamment grâce à son taux élevé en vitamine C (présent dans l'enrobage visqueux des graines), vitamine E, potassium, acide folique et à sa faible teneur calorique. Mais il est vrai que la tomate cuite – et sous forme concentrée comme les sauces – est plus riche en lycopènes, type de caroténoïdes anticancer.

Les fèves ne risquent-elles pas de lui donner des gaz ?
Les fèves sont effectivement très riches en fibres, ce qui a pour effet de faire travailler plus énergiquement l'intestin et faciliter le transit.

MEMBRE D'UNE ASSOCIATION DE GESTION AGRÉÉE ACCEPTANT LE PAIEMENT PAR CHÈQUE À SON NOM

DOCTEUR JEAN LALAU KERALY

ANCIEN INTERNE DES HÔPITAUX DE PARIS
ANCIEN CHEF DE CLINIQUE – ASSISTANT
ATTACHÉ À L'HÔPITAL ST-VINCENT-DE-PAUL

PÉDIATRIE

NUTRITION ENDOCRINOLOGIE

Cette sollicitation accrue peut parfois gêner l'intestin fragile et immature des petits. Sachez donc que la majorité des fibres présentes dans les fèves se trouvent dans les pellicules externes du légume. Il vous suffit donc d'ôter la première peau pour alléger grandement sa teneur en fibres ! Vous pouvez également les acheter surgelées : la fève est alors déjà épluchée.

Le favisme, maladie extrêmement rare, serait lié à une consommation de fèves. Ne vaut-il pas mieux ne pas en donner à Bébé ?
Ce ne sont pas les fèves qui sont à l'origine de cette forme de destruction des globules rouges mais effectivement, c'est leur consommation qui peut la déclencher chez des sujets porteurs d'une mutation chromosomique. Cette maladie touche essentiellement les personnes habitant le pourtour méditerranéen. Si vous avez entendu parler de cette pathologie au sein de votre famille, demandez conseil à votre médecin.

Le maïs est-il vraiment adapté aux bébés ?
Effectivement, le maïs n'est pas à la mode, mais c'est un tort ! Non seulement il possède des vertus intéressantes d'un point de vue nutritionnel, mais il revêt un avantage énorme : contrairement à d'autres céréales extrêmement utilisées dans la baby-food, il ne contient pas de gluten. Idéal pour les enfants allergiques ou pour les tout-petits qui, je vous le rappelle, ne doivent pas être exposés au gluten avant au moins 6 mois. Le maïs a donc toutes les vertus nécessaires pour entrer dans le top 10 des aliments superstars pour bébé !

N'y a-t-il pas de risque d'acheter sans le savoir du maïs OGM ?
Effectivement, on doit prendre en compte cette problématique OGM pour contrôler ce que nous mettons dans nos assiettes et celles de nos enfants. À l'heure actuelle, depuis une directive de mai 1998, les industriels sont tenus de mentionner explicitement sur les étiquettes si leurs produits – dont le maïs – sont issus d'organismes génétiquement modifiés. Notez que cette obligation s'applique uniquement si le seuil d'OGM est supérieur à 1 %. Vérifiez donc que le maïs que vous achetez (frais, surgelé ou en conserve) indique bien qu'il n'est pas génétiquement modifié. Pour une tranquillité absolue, vous pouvez vous tourner vers les produits certifiés « AB », dont le cahier des charges garantit l'absence d'OGM.

Puis-je utiliser les ratatouilles toutes prêtes du commerce, si je n'ai pas le temps ?
Attention aux plats préparés, type traiteur, qui renferment beaucoup de sel et de graisses cachées, inadaptés à l'alimentation de Bébé. D'autant que ces plats peuvent contenir des colorants ou conservateurs, que l'on ne retrouve pas dans les produits spécial bébé puisqu'ils sont interdits par la réglementation. Si vous n'avez vraiment pas le temps, préférez les préparations surgelées, plus avares en additifs. Dans tous les cas, veillez à bien regarder les étiquettes pour contrôler la liste des ingrédients !

Les lentilles corail sont rarement présentes dans la cuisine française. Pourquoi en donner à Bébé ?
Effectivement, la cuisine française utilise

MEMBRE D'UNE ASSOCIATION DE GESTION AGRÉÉE ACCEPTANT LE PAIEMENT PAR CHÈQUE À SON NOM

davantage les lentilles vertes du Puy ou du Berry (AOC). La différence entre les différentes variétés de lentilles est ténue : toutes contiennent une teneur importante en protéines et en fibres. Les lentilles corail se caractérisent par leur jolie couleur orangée et leur tendreté. Elles ont donc besoin de beaucoup moins de temps de cuisson que leurs cousines vertes. Détail important quand compte chaque minute de son temps !

LA VIANDE

Le porc n'est-elle pas juste une viande grasse ?
Stop aux idées reçues ! La viande de porc n'est pas plus grasse que les autres viandes. La preuve : son apport calorique moyen avoisine celui du poulet, réputé comme étant une viande maigre. Ajoutons qu'une grande partie de la graisse de la viande de porc est constituée d'acides gras insaturés, prévenant les maladies cardio-vasculaires. Pour finir, soulignons que la viande de porc contient des protéines de très bonne qualité, qui couvrent, pour une portion moyenne, la moitié des besoins quotidiens d'un adulte ! C'est la charcuterie de porc dont il faut se méfier, qui est à la fois riche en graisse et en sel.

Bébé va-t-il apprécier l'agneau, viande au goût prononcé, alors que je n'aime pas ça ?
Les goûts et les couleurs ne se discutent pas. Ce n'est pas parce que vous n'appréciez pas l'agneau que votre enfant doit en être dégoûté. Tentez justement de le lui faire apprécier parce qu'il renferme de nombreux bienfaits. L'accompagnement avec les carottes peut être un moyen plaisant. Et gardez à l'esprit que le goût s'éduque. Vous qui n'aimez pas l'agneau, vous seriez peut-être étonné(e) d'apprécier cette recette et d'apprendre à la déguster avec plaisir !

LE POISSON ET LES FRUITS DE MER

Est-il indispensable pour Bébé de manger du poisson ?
Cela dépend de son âge ! Dès 6-7 mois, Bébé a besoin quotidiennement d'autres sources de protéines animales que le lait. Le poisson remplit parfaitement ce rôle. Il regorge d'oméga 3 qui jouent un rôle prépondérant dans le développement de la vue et du cerveau. Comme le cerveau de l'enfant n'atteint sa taille adulte qu'à l'âge de 5 ans, on comprend l'importance de la consommation de poisson !

Le saumon n'est-il pas trop fort en goût pour un petit ?
Pourquoi avoir peur de proposer aux petits des aliments forts en goût ? Plus l'alimentation de votre bébé sera homogène en saveur, moins il sera préparé à apprécier plus tard la diversité des aliments. Si le goût corsé du saumon ne plaît pas au premier abord à votre petit, ne vous découragez pas. N'hésitez pas à lui proposer du saumon une prochaine fois.

Je boycotte le thon pour des raisons écologiques. Par quoi puis-je le remplacer ? Mon bébé passe-t-il à côté d'un super aliment ?
Certes, les vertus nutritionnelles des différents poissons ne sont pas identiques mais il faut bien admettre qu'elles se rejoignent. C'est le poisson en tant que tel qui est un super aliment, avec un taux lipidique miraculeusement bas (forte présence d'oméga 3) et une teneur en protéines identique à la viande. Sans parler du phosphore, magnésium et iode qu'il contient ! Vous pouvez donc tranquillement remplacer le thon par du cabillaud ou un poisson gras comme le saumon.

À quel âge Bébé peut-il manger des crevettes ?
Généralement, l'introduction des crustacés, comme la crevette, est déconseillée avant l'âge de 18 mois et 4 ans pour les enfants ayant un terrain allergique connu. En effet, ces aliments – tout comme l'arachide et le kiwi – peuvent être responsables de réactions allergiques alimentaires comme l'eczéma ou plus gravement de chocs anaphylactiques. Si la diversification de votre enfant s'est parfaitement déroulée, aucune raison de le priver de crevettes dès 18 mois, à condition de commencer par lui proposer de toutes petites

MEMBRE D'UNE ASSOCIATION DE GESTION AGRÉÉE ACCEPTANT LE PAIEMENT PAR CHÈQUE À SON NOM

DOCTEUR JEAN LALAU KERALY
ANCIEN INTERNE DES HÔPITAUX DE PARIS
ANCIEN CHEF DE CLINIQUE – ASSISTANT
ATTACHÉ À L'HÔPITAL ST-VINCENT-DE-PAUL

PÉDIATRIE

NUTRITION ENDOCRINOLOGIE

quantités de manière à tester sa réaction dans les minutes, heures, jours à venir. Si rien n'est à signaler, vous pouvez ensuite lui proposer cette variante marine à la paëlla de Jenny !

LES FÉCULENTS

Qu'est-ce que le boulgour ?
Originaire des Balkans, le boulgour est fabriqué à partir du blé précuit, puis séché, pelé et concassé en plus ou moins fine mouture. Le boulgour est une bonne source de vitamine B, qui renforce les défenses immunitaires. Il contient de nombreux minéraux dont le fer, nécessaire à une meilleure résistance aux infections. Pour finir, sachez que le boulgour est très digeste et vraiment rapide à préparer, détail fort utile en cas de rush !

Que sont les nouilles de soba ? Est-ce bon pour Bébé ?
Les soba sont des nouilles fabriquées à partir de farine de blé et de sarrasin. Contrairement aux idées reçues – et parce qu'il est également appelé « blé noir » –, le sarrasin n'est pas une variété de blé ! Dépourvu de gluten, il convient aux personnes intolérantes ou souffrantes de coliques puisqu'il se digère remarquablement bien. Au-delà de cela, une étude canadienne a révélé l'effet favorable du sarrasin sur la glycémie, idéal pour les personnes diabétiques. Sans oublier sa teneur en minéraux, notamment en phosphore reconstituant. Ajoutons pour finir que selon la tradition populaire japonaise, on consomme les soba à la Saint-Sylvestre pour s'assurer une longue vie.

Proposer autant de riz le soir ne risque-t-il pas de constiper mon enfant ?
Le riz n'est pas responsable de la constipation des enfants qui en mangent régulièrement ; c'est plutôt le déficit en fibres naturelles, présentes dans les légumes et les fruits, qui l'est ! En mélangeant le riz, excellent féculent riche en minéraux et vitamine B5, et une compotée de légumes variés, vous proposez un repas plein de bienfaits et idéal pour le système digestif de votre enfant. Si vous jugez toujours que le riz risque de le constiper, choisissez du riz complet, riche en fibres, qui a une action bénéfique sur la paresse intestinale !

LE FROMAGE

La ricotta n'est-elle pas un fromage dangereux pour Bébé d'un point de vue bactériologique ?
Vous faites sans doute référence à la listéria, une bactérie qui se développe en particulier dans les fromages à lait cru, la charcuterie, les denrées ayant subi une rupture de la chaîne du froid et qui peuvent entraîner des troubles graves chez le tout-petit. Tranquillisez-vous : la ricotta – « re-cuit » en italien – est un fromage fabriqué à partir du petit lait qui a été bouilli deux fois. La listéria craignant les températures élevées, nulle risque qu'elle s'y soit logée. De manière générale, il ne faut pas donner trop mauvaise presse aux fromages au lait cru. De nos jours et dans nos pays industrialisés, les risques de contamination à la listériose sont faibles et facilement évitables : par exemple en incluant le fromage cru au moment de la cuisson du plat. Sécurité alimentaire et plaisir gustatif garantis !

MEMBRE D'UNE ASSOCIATION DE GESTION AGRÉÉE ACCEPTANT LE PAIEMENT PAR CHÈQUE À SON NOM

Le parmesan n'est-il pas trop salé pour Bébé ?
Vous avez raison de souligner que le sel est à proscrire de l'alimentation des tout-petits, au moins jusqu'à l'âge de 2 ans. Mais il ne s'agit pas de faire disparaître toutes les sources naturelles de sel, qui est bénéfique pour votre enfant. Son organisme n'est simplement pas encore capable d'en évacuer une grande quantité : le sel naturellement présent dans les légumes et aliments est donc suffisant pour lui. C'est dans cette optique que les recommandations pédiatriques martèlent de ne pas ajouter de sel à ses plats. Le sel du parmesan relèvera donc naturellement ce plat, vous exemptant d'en ajouter à la main.

LES DOUCEURS

Des gâteaux : n'est-ce pas encourager la consommation d'aliments trop sucrés ?
Il faut savoir raison garder et ne pas tomber dans la paranoïa. Certes, on souligne – et le constat est bien réel – la surconsommation de produits gras et sucrés, surtout à destination des enfants. Mais un petit gâteau de temps en temps n'a jamais rendu un enfant obèse. Surtout lorsque le gâteau en question est fait maison. Vous maîtrisez parfaitement sa composition (pas d'ajouts artificiels ni d'amidon cachés) et sa teneur en graisses et en sucre. Moins il consommera de produits préparés (riches en glucides, lipides et sel cachés), plus il maîtrisera, adulte, son alimentation !

Des bonbons pour des bébés : est-ce bien raisonnable ?
Il y a bonbon et bonbon. Si l'on parle des bonbons industriels bourrés de sucres et de gomme, effectivement, il faut éloigner les bébés le plus possible de ce type d'aliments qui ne leur amène strictement rien, mis à part des caries. Ici, il s'agit de bons bonbons, de petites douceurs exceptionnelles qui font plaisir à votre bébé, lui signifiant qu'il vit un moment extraordinaire… mais qui sont bénéfiques pour sa santé ! Les raisins secs et le chocolat sont gorgés de bienfaits. Vous pouvez choisir le chocolat pour maîtriser totalement l'apport en sucres (noir, blanc, au lait). Ces bonbons naturels sont mous et faciles à manger : Bébé peut donc en goûter quelques-uns sans aucun danger !

LES ÉPICES

Est-ce que la cannelle ou le cumin ne risquent pas de donner des allergies à Bébé ?
Pas d'inquiétude : la cannelle et le cumin (et plus généralement les autres épices douces) ne constituent aucun risque pour la santé des tout-petits, au contraire. La cannelle est l'un des aliments les plus riches en antioxydants et en fibres ! Sans compter le fait qu'elle stimule les papilles de Bébé, lui offrant une occasion de s'initier au goût. Je conseillerais de privilégier la vraie cannelle, originaire de Ceylan (ocre et friable), à la cannelle de Chine (gros bâtonnets bruns très durs), moins sucrée, plus amère et souvent de moins bonne qualité nutritionnelle. Lecumin permettra a Bébé de s'adapter à de nouvelles saveurs et ce serait dommage de le priver de cette épice, qui a un effet apaisant contre les troubles digestifs.

Est-ce vrai que la vanille a une action bénéfique sur le sommeil ?
Effectivement, outre son agréable saveur sucrée, la vanille possède des vertus sédatives. On l'utilise notamment dans des infusions ou en huile essentielle pour calmer les troubles du sommeil.

MEMBRE D'UNE ASSOCIATION DE GESTION AGRÉÉE ACCEPTANT LE PAIEMENT PAR CHÈQUE À SON NOM

nutri-zoom

abricot

Ce tout petit fruit est pourtant l'un des plus riches en provitamine A, minéraux et oligoéléments ! Deux abricots fournissent à eux seuls la moitié des besoins quotidiens en carotène, ce précieux antioxydant anticancéreux. Il fournit aussi une grande quantité de potassium, connu pour favoriser l'élimination des toxines et la récupération. Idéal pour les enfants sportifs ! N'oublions pas l'apport important de l'abricot en fer, essentiel pour le développement des tout-petits.

ail

Non seulement l'ail relève nos bons petits plats, mais ses propriétés médicinales sont sans équivalent : il lutte contre l'hypertension et réduit le taux de cholestérol, il renforce les défenses immunitaires et a des propriétés antiradicalaires. C'est également une mine d'oligoéléments comme le fer, le manganèse, le zinc et le sélénium. Ajoutons à cela ses vertus antibactériennes, antiallergiques et antitumorales !

agneau

L'agneau est une viande plutôt grasse – la teneur en lipides varie selon les morceaux de l'animal – mais sa richesse en bonnes protéines compense largement ce petit désagrément. L'agneau est également riche en vitamine B12 (antianémique) et en zinc, bon pour le cœur et les os.

ananas

Riche en minéraux et oligoéléments, l'ananas présente un taux intéressant de vitamine C tout en ayant un apport calorique modéré. Mais l'intérêt de l'ananas réside dans l'enzyme originale qu'il contient, la broméline, qui a fait sa renommée dans les régimes amincissants. Elle a en effet la capacité d'activer et de faciliter la digestion des protéines.

aubergine

Très peu calorique et gorgée d'eau, l'aubergine est également riche en fibres douces, les pectines, qui sont très digestes et facilitent le transit sans pour autant l'agresser. Si vous jugez ses vertus laxatives trop grandes, veillez simplement à ôter les pépins et la peau. N'oublions pas que l'aubergine est riche en minéraux (magnésium, zinc, manganèse) et très pauvre en sel, idéal pour les plats de bébé !

avocat

Extrêmement riche en fibres, l'avocat joue un rôle positif sur la paresse intestinale et procure rapidement une sensation de satiété. Des études récentes ont démontré l'intérêt de l'avocat dans le soin des troubles du foie. C'est également une excellente source en vitamines B5 (influx nerveux) et B6 (défenses immunitaires).

avoine

Cette super céréale est très riche en fibres douces dont l'action sur la régulation du transit est bien connue et qui ont aussi un effet favorable sur la régulation des taux de cholestérol et de glycémie sanguins. L'avoine est aussi riche en protéines et en acides gras mono et poly-insaturés (les fameuses « bonnes graisses »). Ajoutons qu'elle est gorgée de fer, de phosphore et de magnésium et est riche en vitamine B.

banane

La banane est la championne des baby-sportifs : c'est en effet un fruit très énergétique (90 Kcal pour 100 g) et riche en protéines. Notez que la composition de ce délicieux fruit varie en fonction du degré de maturité. Plus elle est mûre, moins elle est riche en vitamine C et amidon et plus elle s'enrichit en sucres simples. La banane est aussi gorgée de potassium, fer, cuivre, calcium, magnésium et vitamine B !

basilic

Les Grecs le portaient aux nues – « basilikon » signifie « herbe royale » – persuadés de ses nombreuses vertus pour la santé. En effet, le basilic aurait des propriétés antispasmodiques et digestives, offrant des résultats probants dans le traitement des digestions difficiles, de l'aérophagie et des aigreurs d'estomac. C'est également une bonne source en vitamines A, B9, C, phosphore et calcium.

bœuf

La viande de bœuf est la première source de fer de l'alimentation car elle apporte du fer héminique, dont l'absorption est 5 fois supérieure à celle du fer présent dans la plupart des aliments. N'oublions pas que les enfants ont de forts besoins en fer. Ajoutons à cela que le bœuf constitue une excellente source de protéines d'ultra haute qualité ainsi que des vitamines du groupe B. Gardons cependant à l'esprit qu'il ne faut pas abuser du bœuf car, à forte dose, il peut être néfaste pour notre système cardio-vasculaire, de par la présence d'acides gras saturés.

brocoli

C'est le Superman de la vitamine C : il en contient le double de l'orange ! Avec une portion de 200 g, on comble ses besoins quotidiens recommandés. Il est également très riche en provitamines dont les propriétés antioxydantes sont reconnues. Ajoutons à cela que le brocoli est très peu calorique.

cabillaud

Le cabillaud est un poisson aux valeurs nutritionnelles exceptionnelles car pauvre en lipides et glucides, tout en étant riche en oméga-3, vitamine B, sélénium (antiradicalaire) et phosphore (os et dents). N'oublions pas que le cabillaud est riche en iode, oligoélément régulateur de la glande thyroïdienne, responsable de la combustion calorique !

carotte

Gaston Lagaffe le sait bien, lui qui approvisionne les lapins en carottes pour qu'ils voient mieux les chasseurs : cette racine orangée est très riche en vitamine A, fortifiant la rétine et améliorant la vision nocturne. Mais les vertus de ce légume roi ne s'arrêtent pas là : gorgé de fer, c'est un puissant antianémique et antidiarrhéique. Ajoutons que la consommation massive de carottes (riches en carotène) donne un joli teint rosé !

céleri-rave

Très riche en minéraux, il renferme également des oligoéléments que l'on retrouve rarement dans les autres légumes : le sélénium (booster du système immunitaire) et le chrome (facilite l'assimilation du sucre) notamment. Il est, en outre, très riche en fibres et peu calorique.

cerise

Juteuse et très sucrée, la cerise est un fruit énergétique et rafraîchissant. Outre son apport intéressant en vitamine C et en provitamine A, la cerise possède des propriétés digestives. Enfin, une récente étude américaine a révélé le rôle antibactérien du jus de cerise, qui prévient la formation des caries.

chou-fleur

Le chou-fleur est l'un des légumes les mieux dotés en minéraux, notamment en magnésium et calcium, essentiels pour le renouvellement cellulaire, et également en potassium, stimulateur des fonctions rénales. Peu calorique, il est également très riche en vitamine C : une portion de 200 g couvre les besoins quotidiens recommandés !

citron

C'est bien connu, le citron est un champion de la vitamine C, bien protégé sous son épaisse écorce. Très léger, le citron n'en est pas moins riche en bienfaits. Il est en effet gorgé de potassium (diurétique), calcium (os) et fer (énergie), avec les mets sucrés et salés !

concombre

Très riche en eau, le concombre est le champion des minéraux et des oligoéléments comme le potassium, le phosphore et le calcium. Il est également bien pourvu en vitamine B ainsi qu'en provitamine A, présente dans sa peau. Et contrairement aux idées reçues, le concombre est parfaitement digeste et convient idéalement aux petits ventres.

coriandre

Appelée également « persil arabe » ou « persil chinois », la coriandre était employée dans l'Antiquité pour ses vertus digestives et carminatives (anti-ballonnements). Utilisée en infusion, elle est anti-diarrhéique et antispasmodique. Ajoutez à cela son incomparable goût d'ailleurs, son apport conséquent en vitamine K (coagulation du sang, formation des os) et vous comprendrez pourquoi les Asiatiques la mettent autant à l'honneur !

courgette

Très peu calorique, la courgette est pourtant extrêmement riche en minéraux et en vitamines A (os, dents, anti-infectieux), B (croissance, défenses immunitaires) et C (cicatrisant, absorption du fer). Lorsqu'elle est consommée jeune, la courgette possède des fibres particulièrement tendres qui la rendent très digeste pour les systèmes digestifs fragiles. Idéal pour les tout jeunes gourmets !

cumin
Ces petites graines, outre leur saveur corsée et agréable, revêtent une mine de bienfaits pour les bébés. Elles stimulent la digestion mais, surtout, diminuent les ballonnements et gaz abdominaux tout en calmant les spasmes intestinaux. Ajoutons qu'elles stimulent la lactation : idéal si Maman allaite encore Bébé !

estragon
Plante aromatique connue pour sa saveur corsée, légèrement anisée, l'estragon est aussi apprécié pour ses propriétés apéritives (il stimule l'appétit) et digestives (exit les ballonnements). Également riche en minéraux et vitamine C, c'est un puissant détoxifiant de l'organisme, idéal en milieu urbain !

fenouil
Source de vitamines antioxydantes (A et E), le fenouil est riche en fibres douces et facilite le transit intestinal sans l'agresser. Il possède également des propriétés antiballonnements, idéal en cas d'aérophagie. Sans oublier son petit goût anisé unique qui le rend reconnaissable entre mille !

fève
Très peu calorique, la fève fraîche possède des qualités nutritives intéressantes puisqu'elle est essentiellement constituée d'acides gras insaturés, combattants du cholestérol. Elle est très riche en fibres, puissants laxatifs. La fève contient également une bonne quantité de potassium, magnésium, vitamines B et C. Pour finir, elle est particulièrement riche en protéines, idéale donc pour les « phobiques » de la viande qu'elle contribue à remplacer.

fraise
Outre sa saveur particulière qui en fait la préférée des enfants, la fraise regorge d'acide folique (construction cellulaire), de bêta-carotène (défenses immunitaires) et de vitamine C (antioxydant). Elle est également riche en oligoéléments comme le potassium (système nerveux), le magnésium (calmant) et le calcium. La fraise pouvant être responsable d'allergies urticantes, on l'introduit dans l'alimentation des bébés gourmets de plus de 6 mois.

framboise
Très peu calorique et légèrement acidulée, la framboise est le dessert idéal de l'été ! Très riche en fibres, la framboise est laxative. Les intestins délicats la préfèreront en coulis, débarrassée de ses petits pépins. La framboise est gorgée de minéraux, du potassium au magnésium en passant par le calcium et le fer, et riche en vitamines C et P (circulation sanguine).

haricots rouges
Les haricots rouges sont des légumes secs et, comme tout légume sec, ils ont un taux très élevé de protéines végétales. Rappelons que les protéines végétales, contrairement aux protéines animales, sont dépourvues de mauvaises graisses et jouent donc un rôle préventif dans les maladies cardio-vasculaires. Le haricot rouge est également très riche en fibres et en vitamine B9, et contribue fortement à reminéraliser l'organisme grâce à sa teneur en fer, magnésium et phosphore. Ajoutons pour finir que le haricot rouge est très pauvre en sodium, l'ennemi des bébés !

haricots verts
Les haricots verts collectionnent les vitamines, minéraux et oligoéléments. Riches en provitamine A (croissance, défenses immunitaires), en vitamines B (apéritive), C (cicatrisante, antianémique) et E (anti-radicalaire), ils sont aussi gorgés de potassium, de calcium et de fer et apportent des protéines (ce qui est rare pour un légume) !

Kiri®
Longtemps estampillé comme « le fromage des gastronomes en culottes courtes », le Kiri® est un fromage frais qui se compose essentiellement de fromage blanc et de crème fraîche. Il est ainsi riche en calcium (300 mg pour 100 g) et en phosphore (350 mg pour 100 g). C'est son goût doux et sa praticité – il fond dans la bouche et s'étale facilement – qui ont fait son succès.

lentille
Cette super légumineuse très peu calorique a l'incroyable faculté de rassasier efficacement tout en n'apportant quasiment pas de graisses ! Elle contient un taux record de minéraux – dont le très recherché fer. Riche en fibres, elle est également efficace pour combattre les problèmes de transit. Ajoutez à cela qu'elle renferme une quantité importante de protéines

végétales qui lui permettent de rivaliser avec les protéines de la viande si elle est consommée avec des céréales. Vous comprenez ainsi l'intérêt de la cuisiner régulièrement !

maïs

Peu utilisé (à tort) dans l'alimentation infantile, le maïs est pourtant une super céréale, pauvre en lipides mais riche en protéines, en fibres, en vitamine B (croissance) et en phosphore (os et dents). Ajoutons à cela sa puissante activité antioxydante !

mangue

La mangue est la championne des vitamines : c'est le fruit qui renferme le plus d'antioxydants ; une demi-mangue couvre nos besoins quotidiens. Sa teneur en vitamines B (favorise la croissance), A (croissance des os et des dents, anti-infectieux), C (favorise l'absorption du fer) et E (défenses immunitaires) est élevée. Notons enfin que la mangue, avec ses 80 % d'eau, est un fruit peu calorique.

marron

Le marron, considéré comme un féculent, est néanmoins bien plus riche en vitamines et minéraux. Sachez qu'une portion de 200 g de purée de marrons couvrent 25 % des apports quotidiens recommandés en magnésium (calmant). Mais son intérêt réside dans le fait qu'il ne contient pas de gluten, idéal pour les tout-petits et les enfants intolérants au gluten.

melon

Très peu calorique – il est composé à 90 % d'eau –, le melon n'en est pas moins riche en bienfaits, de par sa grande richesse en provitamine A – surtout le melon à chair orangée – et en vitamine C. Riche en fibres, il peut être légèrement laxatif, surtout consommé frais.

menthe

Outre ses propriétés antioxydantes, la menthe est riche en fer, manganèse – lorsqu'elle est séchée – et en vitamine K (coagulation sanguine). Sans oublier que son petit goût rafraîchissant relève subtilement le goût des aliments !

mirabelle

Présente sur les étals en août et septembre, il ne faut pas louper cette petite prune jaune orangée, juteuse, sucrée et délicieusement parfumée. Riche en fibres douces, elle lutte contre la paresse intestinale sans être trop agressive pour les intestins. Elle est également très riche en oligoéléments et vitamines B et E.

muesli

Le muesli – du suisse allemand « müesli », « petite purée » – est un mélange de céréales et fruits secs à varier à l'envi. Il est le plus souvent composé de flocons d'avoine, flocons de blé, flocons de seigle, flocons d'orge, raisins secs, mais peut s'enrichir de noix, noisettes, graines de lin, noix de pécan, figues sèches, en fonction de la variété achetée dans le commerce. La richesse en céréales complètes du muesli en fait une source incomparable de fibres, protéines et énergie. Veillez à choisir le muesli qui convient à Bébé : il peut ainsi être « sans sucre ajouté » (pratique car on peut ensuite sucrer avec du miel et mettre la juste dose) ou sans gluten.

myrtille

Cette variété d'airelle, très riche en vitamine C antioxydante, a des effets protecteurs et bénéfiques sur la vision. Les pilotes de la Royal Air Force en consommaient d'ailleurs régulièrement pour améliorer leur vision nocturne. On dit aussi que la myrtille aurait des effets bénéfiques sur la mémoire. Ajoutons qu'elle est riche en potassium et en phosphore.

nectarine

De la même famille que la pêche, la nectarine est gorgée d'oligoéléments : phosphore pour la formation des os, cuivre pour la réparation tissulaire, fer pour la fabrication cellulaire. La nectarine est également riche en vitamines B3 (production d'énergie), C (antioxydant) et E (protection cellulaire).

orange

C'est une championne en vitamine C : une orange couvre presque la totalité des besoins quotidiens recommandés. Elle contient également un bon taux de fibres douces – idéal en cas de transit difficile –, minéraux et oligoéléments.

panais

Cette longue racine charnue ressemblant à une grosse carotte blanche – elles ont des origines communes – revêt des qualités nutritionnelles insoupçonnées. Outre sa subtile saveur de noisette, le panais est riche en sucres lents et en fructose, ce qui permet de calmer rapidement (et longuement) la faim. Il est aussi riche en potassium (fonctionnement neuromusculaire, antistress), vitamine C et acide folique (développement cellulaire, système nerveux).

patate douce

Originaire d'Amérique du Sud et cultivée aux Antilles, la patate douce ressemble à la pomme de terre pour ses qualités culinaires – avec un goût sucré inimitable – mais s'en éloigne du point de vue nutritionnel, avec un index glycémique très bas et un apport conséquent en vitamine A, protectrice cutanée, puissant anti-infectieux et booster des défenses immunitaires.

pâtes

Contrairement aux idées reçues, les pâtes ne font pas grossir puisque leur teneur en lipides est extrêmement basse. C'est l'accompagnement qui fait bouger le curseur de leur apport calorique. Fabriquées à base de blé, les pâtes contiennent des sucres lents qui distillent leur énergie progressivement. Parfait pour un bébé explorateur.

pêche

Truffée d'antioxydants (vitamine C et bêta-carotène), la pêche est l'amie de la peau. Elle renferme beaucoup d'eau et peu de sucres, ce qui fait d'elle la complice idéale de l'été. Ses fibres douces sont particulièrement bien tolérées par l'intestin fragile des bébés tout en étant efficaces en cas de constipation, surtout lorsqu'elle est consommée crue. Elle revêt également des vertus digestives puisque son alcalinité contrecarre une alimentation trop acide.

petits pois

Les petits pois sont des légumineuses truffées d'énergie, idéals pour les mini-sportifs ! Leur teneur en protéines et en vitamine B (dopeuse des fonctions immunitaires et promotrice de la croissance cellulaire) est jusqu'à 5 fois supérieure aux autres légumes frais ! Sans compter que le petit pois regorge de minéraux (potassium, phosphore) et d'oligoéléments (cuivre, zinc, fluor).

poire

La poire est l'amie des petits ventres constipés puisque sa chair contient des fibres insolubles qui ont une action digestive et laxative. C'est aussi un fruit riche en minéraux. Elle renferme ainsi une bonne dose de calcium, de phosphore, de magnésium et de fer. Enfin, la poire est riche en vitamines C et E, dont les vertus antioxydantes ne sont plus à prouver !

poivron

Cousin du piment sans en avoir le piquant, le poivron est le légume frais qui renferme le plus de vitamine C. C'est d'ailleurs dans le poivron que cette vitamine a été découverte dans les années 30 par A. Szent-Györgyi, un chercheur hongrois. Le poivron est également une excellente source de carotène et vitamine E, antioxydants préventifs des cancers et maladies cardio-vasculaires.

pomme

Ne dit-on pas qu' « une pomme chaque matin chasse le médecin » ? Non seulement les pommes sont connues pour leurs propriétés anticancéreuses et préventives des maladies cardio-vasculaires, mais elles auraient aussi une action positive sur les affections des voies respiratoires, notamment l'asthme. N'oublions pas que la pomme est très riche en vitamine C, qui contribue à la santé des os et des dents et favorise l'absorption du fer (dont les carences touchent 15 % des enfants dans les pays développés tels que la France). La pomme a aussi une fonction protectrice contre les infections, accélérant la cicatrisation.

potiron

Gorgé d'eau à plus de 90 %, le potiron est peu calorique. Il est très efficace dans la prévention des calculs rénaux et de l'hypertension artérielle de par sa richesse en potassium. Pauvre en sodium, il convient parfaitement à l'alimentation pour bébé qui proscrit tout apport important en sel. Notons que le potiron est l'un des légumes les mieux dotés en vitamine A antioxydante (après la carotte). Une portion suffit à couvrir les besoins quotidiens d'un homme adulte !

prune

Plus ou moins sucrée selon leur variété et leur maturité, les prunes sont riches en vitamines B et E et provitamine A, intervenant sur la croissance et la protection cellulaire. Leur faible quantité en vitamine C est largement compensée par la présence de pigments renforçant considérablement l'activité de celle-ci. Ajoutons que les prunes sont riches en potassium, calcium, magnésium et divers oligoéléments !

raisin

Les bienfaits du raisin ne sont plus à démontrer. Très énergétique et très nutritif, le raisin n'en reste pas moins extrêmement digeste, parfait pour le tube digestif immature des tout-petits. En outre, il est détoxifiant et stimule le travail du foie. Riche en vitamines A, B et C, il contient également du magnésium, du potassium et une forte quantité de fer.

riz

Après le blé, le riz est la céréale la plus consommée au monde. Très nourrissant, il est aussi intéressant d'un point de vue nutritionnel. Il est riche en magnésium, contient du phosphore, du zinc, de la vitamine B et du potassium. Son action antidiarrhéique est connue – son eau de cuisson est très efficace – et il aurait également une action positive sur l'hypertension.

rutabaga

Appelé également « chou-navet » – il est issu d'un croisement entre ces deux légumes –, le rutabaga est riche en potassium, calcium, phosphore et vitamine C. Il est en outre peu calorique. On lui prête également des vertus digestives, puisqu'il est répertorié comme désinfectant intestinal.

safran

Le safran a longtemps été réputé pour remédier à de nombreux troubles. Les pigments qui lui donnent sa vive couleur rouge jouent un rôle stimulant sur le système digestif. Le safran aurait également des vertus analgésiques et sédatives, idéales en cas de troubles du sommeil ou d'agitation. En Afrique du Nord par exemple, les remèdes de grands-mères permettant de soigner les poussées dentaires se font à base de miel… et de safran !

sauge

Nommée « plante merveilleuse » par les Gaulois, la sauge renferme des vertus incomparables : anti-inflammatoire, cicatrisante, tonifiante, antiseptique digestive. Elle est également très riche en vitamine K, participant au bon fonctionnement de la coagulation sanguine !

saumon

Qu'il soit sauvage ou d'élevage, le saumon possède des vertus nutritives exceptionnelles. C'est un poisson gras (bon gras) extrêmement riche en oméga-3, puissants protecteurs cardio-vasculaires. Le saumon apporte une bonne quantité de fer, de phosphore et de magnésium. N'oublions pas ses quantités intéressantes de vitamines A (vision, croissance, défenses immunitaires) et D (dents et os).

thym

Le thym est un véritable multi-médicament : il possède des propriétés apéritives (stimule l'appétit), carminatives (anti-ballonnement intestinaux), bactéricides et même antiseptiques. On l'utilise d'ailleurs en infusion pour guérir les petits rhumes hivernaux !

tomate

Très riche en eau (95 %), la tomate est très peu calorique et une excellente source de minéraux (idéal pour reminéraliser l'organisme en cas de forte chaleur) ! Elle est gorgée de potassium (anti-hypertension), de magnésium, de zinc, de phosphore et de fer. La tomate est également une excellente source de vitamines (A, B et C). Mais son principal intérêt réside dans sa belle couleur rouge provenant des lycopènes qu'elle contient. Ces précieux pigments protègent les cellules des attaques des radicaux libres et jouent un rôle prépondérant comme antioxydant et préventif de certains cancers.

vanille

Outre son agréable saveur sucrée, la vanille possède des vertus sédatives. On l'utilise notamment dans des infusions ou en huile essentielle pour calmer les troubles du sommeil. Une étude menée par Luc Marlier (CNRS) au sein des Hôpitaux de Strasbourg a ainsi démontré que l'odeur de vanille distillée aux prématurés réduisait de 45 % les apnées du sommeil, rendant leur respiration plus fluide. Exposés à l'odeur de vanille, les bébés se mettaient à suçoter, téter et se décontracter. Idéal pour les préparer à une bonne nuit de sommeil !

table des recettes

à partir de 4 mois

LES PREMIÈRES COMPOTES

LES PREMIÈRES PURÉES

à partir de 6 mois

LES PREMIERS DÉJEUNERS

LES PREMIÈRES DOUCEURS

à partir de 9 mois

LES PREMIERS DÎNERS

à partir de 12 mois

quel aliment à quel âge ?

Je suis vraiment fière de ce carnet de recettes, qui n'était, jusque-là, que mon outil de travail, écrit à la main, usé et plein de taches. Si aujourd'hui ce carnet est devenu ce livre, c'est grâce à l'implication de plusieurs personnes qui ont été, au gré de l'avancement de l'ouvrage, testeurs, soutiens, sources d'inspiration, correcteurs et j'en passe !

Un grand merci tout d'abord à Marabout, à Emmanuel, Rose-Marie et Fanny qui m'ont donné la chance de faire ce livre, qui m'ont fait confiance, et grâce à qui ce livre est vraiment beau, personnel et différent. Merci aussi à Akiko Ida et Sabrina Fauda-Rôle pour les magnifiques photos, et aux bébés mannequins qui se sont si bien prêtés au jeu. Et un énorme merci à Cédrine Meier, qui grâce à son formidable talent d'écrivain, m'a aidé a rendre les textes légers, pertinents et drôles.

Un grand merci à mon ami, le Dr Jean Lalau Keraly, qui m'a soutenue dès le premier jour, qui est toujours là pour me conseiller et qui ne compte jamais le temps qu'il me consacre.

Je veux aussi faire un grand hommage à mon mari David, qui par son soutien, sa tolérance et son implication dans la famille, m'a permis de me lancer dans cette folle aventure qu'est Les Menus Bébé et de travailler jour et nuit sur ce livre.

Enfin, le plus grand des mercis à mes enfants Maya et Milo.
Vous êtes ma raison de vivre et mon inspiration. Tout cela, c'est grâce à vous. Je vous aime à la folie !

Les éditions Marabout remercient les parents des petits qui ont bien voulu se prêter au jeu des séances photos !

Conception graphique : CollectifA3
Mise en pages : Transparence

7933365/02
ISBN : 978-2-501-09743-7
Dépôt légal : novembre 2014
Achevé d'imprimer en novembre 2015 sur les presses de Graficas Estella en Espagne.